城市更新与街景营造

关伟锋 著

北京工业大学出版社

图书在版编目（CIP）数据

城市更新与街景营造 / 关伟锋著 . — 北京 ：北京
工业大学出版社，2021.2
ISBN 978-7-5639-7829-8

Ⅰ．①城… Ⅱ．①关… Ⅲ．①城市文化－关系－城市
景观－研究－中国 Ⅳ．① TU984.2

中国版本图书馆 CIP 数据核字（2021）第 034137 号

城市更新与街景营造

CHENGSHI GENGXIN YU JIEJING YINGZAO

著　　者：关伟锋
责任编辑：刘　蕊
封面设计：知更壹点
出版发行：北京工业大学出版社
　　　　　　（北京市朝阳区平乐园 100 号　邮编：100124）
　　　　　　010-67391722（传真）　bgdcbs@sina.com
经销单位：全国各地新华书店
承印单位：涿州汇美亿浓印刷有限公司
开　　本：710 毫米 ×1000 毫米　1/16
印　　张：6.25
字　　数：125 千字
版　　次：2022 年 10 月第 1 版
印　　次：2022 年 10 月第 1 次印刷
标准书号：ISBN 978-7-5639-7829-8
定　　价：52.00 元

前　言

　　城市是社会经济发展到一定阶段的产物，它标志着社会的进步和人类文明程度的提升。但城市也有一个从产生、发展到衰败的过程，其许多方面也面临着保留与淘汰的抉择。社会发展到今天，城市已经成为高度综合的、多功能的人类活动的有机整体，在推动国家和社会的进步中起着主导作用。也正因为城市系统的高度复杂性，城市发展远远跟不上社会发展和需求扩张的速度，当这一差距逐步扩大到一定程度时，便出现了一系列所谓的标志衰败的"城市问题"，如住房建筑物老化、交通堵塞、环境污染严重、失业率高、社会治安混乱、企业外迁、人员外流，等等。当城市不能满足社会及居民的正常需求时，城市更新便成为必然。为此，必须疏通城市发展瓶颈，提升城市的竞争力，进行必不可少的城市更新。

　　同时，城市街道空间是一座城市整体形象的核心组成部分，城市化进程加快推动城市街道空间不断扩张，同时城市对于街道空间的需求也从交通需求逐步发展到精神文化需求的新阶段，这就要求街道空间不仅应当发挥车辆和行人流动空间的作用，而且应当逐步发挥人民群众休闲文化空间的作用。因此，近年来各省市对于城市街景设计的重视程度不断上升，街景现代化程度、街景规划科学性以及与当地人文自然融合程度等多方面都受到广泛关注。良好的街景设计能够打造城市亮丽的景观新名片，体现出城市经济发展水平以及精神文化的良好风貌，成为对内、对外宣传的窗口。

　　本书主要包括城市更新概述、城市更新的利益机制、城市更新中的城市公共品、城市更新的社会成本、城市更新管理的优化、城市街景营造等内容。

　　由于笔者水平有限，书中不足之处在所难免，望各位读者不吝赐教。

目　录

第一章　城市更新概述

城市是人类社会活动的动态有机体，而这个庞大的社会有机体的新陈代谢过程就是城市更新。城市更新一方面是城市客观物质实体（基础设施等建筑物硬件）的拆除、改造、维护与重新建设（在城市长期发展过程中，这种以拆迁、改造、维护与投资建设为主要过程的城市更新是不可避免的），另一方面城市更新又是生态环境、空间社会环境、文化视觉环境的改造与延续，包括社会网络结构和由此形成的心理定式。

第一节　城市更新的内涵和理论基础

一、城市化和城市现代化

城市发展分为两大方面：城市化和城市现代化，前者是量的扩张和规模的扩大，后者是质的提高和功能的完善优化。城市化是阶段性的，是一个阶段化的现象，一个国家或地区经济社会发展到一定水平之后，城市化就基本完成或基本结束了。城市现代化则是一个城市永恒的话题。只要经济、科学技术、文化等不断进步和发展，城市现代化就不会停步。城市现代化的物质技术方式即城市更新是一个物质空间的永续重构过程，这一过程受到许多深层次因素的影响，如政治因素、经济因素、文化因素和社会因素等。

（一）城市化

对于城市化的定义，人们从不同的角度有着不同的理解：城市化可定义为农村人口转化为城镇人口的过程，人口向城市地区集中，农业人口变为非农产业人口；城市化也意味着城镇用地扩展，城市文化、城市生活方式和价值观向农村地域扩散的过程；城市化在某种意义上也可以理解为农村生活方式转化为城市生活方式，农村经济转化为城市化经济的过程。发展不是目的，只是一种手段，其根本目的还是要提高人民的生活水平，改善人们的生活质量，提高人类社会的整体发展水平，使人与人、人与自然和谐发展。

世界上发达地区的城市化始于18世纪中叶的产业革命。二战以后，由于发达国家在经济上普遍得到恢复和发展，因此，城市化的速度进一步加快，在20世纪的后半叶，尤其是在北美和欧洲，城市化过程最显著的特征就是先后经历了城市化、郊区化、逆城市化和再城市化这四个阶段。发达国家的大城市发展随着国家经济的起伏而变化，20世纪60年代至70年代，西方发达国家的经济出现了低增长，甚至负增长，到20世纪80年代末和90年代经济又开始复苏，城市发展也开始繁荣，城市人口增长率上升。

城市化进程与经济发展程度和工业化水平是密不可分的，城市化本身就是工业化进程的伴生物，是经济社会发展水平的空间体现形式。从西方发达国家历史进程看：真正规模意义上的城市化进程起源于第一次工业革命，加速于第二次工业革命。18世纪70年代，以蒸汽机的发明运用为标志的第一次工业革命开启了人类社会的工业化浪潮。19世纪末期，以电力的应用、化学工业和汽车工业为代表的第二次工业革命推动了工业化浪潮，乃至于逐步完成工业化进程。工业化使人口以及经济和社会发展的资源迅速向城市聚集，造成市区扩张膨胀。第二次世界大战以后，特别是到了20世纪60年代，西方国家的工业化及其带动的城市化逐步完成并趋于结束。而正是这个时期，对人类社会影响更加深远的新科技革命兴起了。以计算机为标志、以信息技术为核心的新技术革命逐步开启了所谓的知识经济时代和后工业化社会。在逐步显现的所谓知识经济和后工业社会里，城市第三产业急剧增长，快速跃居整个社会产业序列的第一位，第一、第二产业比重下降，传统工业由城市中心区域迅速向远郊转移，城市居民特别是富裕阶层大规模转向郊区居住，即城市化之后的郊区化现象。从城市化到城市现代化，从城市的规模扩张和膨胀到城市功能的完善提升，从量的扩大到质的提高，城市化与城市更新是依次衔接有序、先后在200余年里逐步推进的，并且是伴随第一次、第二次、第三次科技革命，为适应产业发展和更替而演进的。这是西方发达国家城市化、城市现代化通常呈现的一般进程。

而中国目前还处在由城市化的初期向中期过渡的时期，即中国大多数地区目前还处于城市化阶段，只是少数大城市出现了郊区化的现象，从总体上看中国目前的城市化发展离逆城市化阶段还相差很远。与发达国家相比较，中国还有近60%的人口是农业人口，中国现代化面临的主要问题之一仍然是城市化问题，其经济发展水平和基础设施建设都远没有达到发达地区逆城市化现象出现时的水平。

虽然各国的城市化进程不同，但在城市化过程中却都出现了很多相同的问题，如环境质量下降、交通拥挤、居住条件差和就业困难等。城市化目标的完成和城市化过程中问题的解决需要借助城市更新。总的说来，城市化聚集了先进的生产力，对农村社会具有辐射和聚集优势，可以集聚资源、降低成本、切实提高人们的生活水平。它是一个国家快速走向现代化的必然选择，它给一个国家整体现代化带来的强大推动力是无法阻挡的。这种动力最终又转变成为城市更新的强大压力，它迫使城市管理者和城市民众加快城市更新的步伐，因此成为城市更新的一个巨大推动力量。

（二）城市现代化

现代化是一个发展的动态历史范畴，是人类社会文明发展到一定程度的产物。它是随着时代的变化和新技术革命的发展而发展的，是一种不断向前、不断创新的社会运动。现代化常被用来描述现代发生的经济、社会和文化变迁的现象。根据马格纳雷拉的定义，现代化是发展中的社会为了获得发达的工业社会所具有的一些特点，而经历的文化与社会变迁的、包容一切的全球性过程。在 18 世纪到 21 世纪期间，世界范围内的现代化可以分成两个阶段。其中，第一个阶段的现代化表现为：从农业社会向工业社会转变、从农业经济向工业经济转变、从农业文明向工业文明转变；第二个阶段的现代化表现为：从工业社会向知识社会转变、从工业经济向知识经济转变、从工业文明向知识文明转变、从物质文明向生态文明转变。从现代化的进程来看，现代化是一个内涵丰富的概念，主要包括：政治的制度化和民主化；经济的市场化和国家化；宗教的世俗化；文化的多元化；生产的工业化；居住的城市化；社会生活的普遍主义；社会心理的理性化；个人财富获得的自致性等。城市现代化就是指城市的物质文明、制度文明和精神文明都达到现代化文明的程度。根据人类社会发展历程和业已形成的基本事实，城市要实现现代化必须就有这样一些特征：第一，三大产业结构的比重顺序为三、二、一；第二，发达的城市经济；第三，先进而完善的城市基础设施；第四，优美的城市生活环境；第五，高效的城市管理；第六，健全的社会保障体系；第七，高素质的城市居民等。

为了追求城市的现代化，而且基于对 GDP 的过度热衷和追求，城市政府往往会开展大规模的城市更新，对原有的城市进行大规模的扩建、改建。而且城市现代化所表现出来的文化繁荣、交通便利、信息通畅以及民众参与度的增加都与居民的日常生活息息相关，他们也希望实现城市的现代化以获得更好的生活。城市现代化浪潮的冲击也给开发商带来了广阔的发展空间，带给他们无限的商机。开发商们通过获得城市土地的开发权进行商业开发,一方面帮助政府实现城市建设的现代化,另一方面也使自己获得极高的利润,积累资本。大规模的城市更新改造从宏观上说是城市化和城市现代化的客观需要,同时还有其他不容忽视的重要因素。

第一,社会因素。世界一体化、社会全面转型、体制改革、世界文明的融合碰撞,无一不在推动着城市的变革。社会公共利益的突显、公共安全问题的显现、物质生活提高以后精神文化生活出现新要求等,迫使城市管理者必须重视和回应。社会环境和生态环境在城市发展中日益成为主体,城市建设和硬件设施也必须符合其新理念、新要求。它关系到城市民众的切身利益,也是民众正常生活的保障。随着民众需要层次的提高,他们追求更好的居住条件、更优美的环境和更好的发展机会。城市更新有利于整治衰落和恶化的环境,改善综合治安状况,吸引外来发展资金,创造良好的居住环境和更多的创业就业机会。所以社会发展和民众要求成为城市更新的重要推动因素。

第二,科技因素。科学技术是第一生产力,也是城市更新的第一推动力。放眼古今中外,人类社会的每一项进步,都伴随着科学技术的进步。尤其是现代科技的突飞猛进,为社会生产力发展和人类的文明开辟了更为广阔的空间,有力地推动了经济和社会的发展。20世纪中后期以来,以电子、通信和计算机技术为核心的新科技革命兴起,信息经济时代宣告来临,以信息化、网络化为代表的世界新科技革命对城市发展模式乃至城市化进程产生着重大影响。现代城市发展和城市化进程因此也产生了一些新特点:以知识经济为主导的创新型经济加快取代并改造传统的制造业,成为现代城市的主导产业;城市空间组织从工业经济时代的中心地等级结构向网络结构过渡;服务业向城市高度集聚;高新技术产业迅速发展。科技发展能够激发城市能量与作用的有效释放和发挥,实现有限资源的最佳组合与高效利用,满足人类社会不断增长的生产与生活需求;科技发展有效提升人口素质,实现人与社会、自然的和谐发展;科技发展决定城市产业的发展方向与经济发展质量,推动产业创新和产业革命,使城市始终成为全社会最有经济竞争力的地方;科技发展更新现代城市建设与管理的方式和理念,不断创造出新的文化、新的理念和新的管理,充分体现出城市是现代文明与进步的先导者;科技发展促进城市功能完善和个性特色展现,形成千姿百态、个性鲜明又优势交融的现代城市发展之路。

(三)城市更新的意义

从客观结果的角度看,城市更新的直接意义表现为以下三个方面。

一是促进城市基础设施和城市功能的完善与优化。城市更新最重要的目标之一就是通过改善城市的基础设施，使其适应经济社会发展的要求，聚合城市功能，提高居民的生活质量，改善人们的生活环境。便利的通信和交通、宜人的自然环境和社会环境、全面的服务设施，为城市可持续发展和居民更高的生活质量提供了物质基础和文化条件。

二是拉动相关产业，促进城市经济持续发展。城市更新促进了城市的现代化，带动了建筑业、制造业、运输业、配套服务业、小区物业、绿化产业、通信业和水电暖气等产业的发展，促使城市产业结构重心由第一产业向第二产业和第三产业逐次转移、逐步升级，实现劳动密集型产业、资本密集型产业、技术和知识密集型产业的合理配置与结构优化，特别是促进现代服务业和新兴产业的大发展。

三是促进了城市社会事业的发展和城市竞争力的提升。城市更新不可能仅仅单独以城市硬件的方式更新。城市更新在促进以城市基础设施等硬件根本改善的同时，引发城市文化、城市管理、城市居民物理空间和相互关系、城市社会结构等方面的巨大变化。

二、城市更新的内涵

国内学者普遍认为：城市更新是对城市某一衰败的区域进行拆迁、改造、投资和建设，使之重新发展和繁荣。城市更新是在科学预见的基础上解决城市发展的根本矛盾的手段，就是说将老化的市区予以有效的改善，使其成为现代化的都市。

多数学者认为，城市更新有它特定的含义，狭义上可以简单地理解为旧城改造；广义上讲，城市更新就是内涵更加多元化、综合化的旧城改造，不仅仅包括硬件设施的建设，比如说危房改造、道路拓宽、绿化硬化、排水治污等，还包括"软件"的更新，比如说居民生活的改善、失业问题的解决等。具体来讲，城市更新的内容包括很多方面：城市基础设施等硬件的更新，以及与之相应的城市"软件"的更新和城市产业的调整。城市更新作为城市发展的一种形式，就是相关主体通过运用科学的方法，对物质意义上老化、结构和功能衰退及遭遇破坏的市区予以改善，以保持和提升其竞争力。因此，对老城区的改善并不仅仅是拆迁、建设和投资，更重要的还包括对富有特色文化的旧城历史地段等的保护。

城市更新的概念源于西方。二战后西方国家为医治战争创伤，同时解决城市发展中出现的各种社会问题，掀起了一场大规模的城市改造运动，在城市中心区实行大规模的推倒重建，清理贫民窟，同时强化中心区土地利用，原有的居民住宅和混杂其中的中小商业则被置换到城市的其他地区。正是在这次改造运动的推动下，20世纪50年代城市更新概念在西方发达国家城市管理领域被提出来，并由此建立了一门新兴的社会工程学科——城市更新学。城市更新的概念一经提出就引起了学术界的广泛关注，对其的研究与城市更新运动同步进行。

对城市更新这个概念较早的权威界定，是1958年8月在荷兰海牙召开的第一次城市更新研究会上所做的阐述：生活在城市中的人，对于自己所住的建筑物、周围的环境或上班、上学、购物、游乐及其他的生活有着各种不同的希望与不满。因为早先的城市更新受"形体决定论"思想的影响，进行了大规模的推倒重建与清理贫民区运动，结果给城市带来较大程度的破坏，同时也加剧了城市的郊区化，许多城市的中心区出现了大规模的衰败景象。这种现象引发了许多政府官员和专家学者对城市和城市更新运动的研究和深刻反思。

1961年，雅各布斯在《美国大城市的死与生》中第一次比较系统地提出了"城市多样性"的概念以及保持城市多样性的意义和看法。1975年，亚历山大在经过实践总结基础上发表了《俄勒冈校园规划实验》，文中对大规模推倒重建的极端做法提出了严厉批评，并探讨了运用新的具有连续性的规划对城市改造进行指导的可行性。进入20世纪70年代后，规划理论界展开了针对这些表面现象之下的深层次的社会、经济和政治体制本质的分析和批判，并开始试图在规划过程中，通过过程机制保证来维护不同社会集团的利益，尤其是弱势群体的利益。与此同时，许多国家的专家学者越来越清晰地意识到，城市更新不能仅仅趋向物质层面的转变，而是必须在物质改变的过程中伴随更加广泛和深刻的社会改良和经济复苏，在政策制定的同时要充分考虑社会因素和经济因素。

1977年，英国政府在其公布的关于城市更新的《内城政策》的白皮书中写道："许多围绕我们城市中心的内城遭受经济衰落、物质环境衰败……我们不应任其衰败下去。"白皮书中明确表示，城市更新应该是一种解决城市问题的综合方式和体系，同时强调，城市的再发展涉及政治、经济、社会、文化、物质环境等诸多领域，城市更新不只局限于物质环境部门，与非物质环境部门具有更加密切的关联。

从1958年在海牙召开的城市更新会议到1977年英国出台有关城市更新的《内城政策》白皮书，可以看到"城市更新"本身发生了重大转变。城市更新最初被限定为物质性的城市规划事业，其表现形式多为具体的城市发展项目。

随着时代的发展和人们认识的加深，城市更新的概念融入城市发展要素，城市更新的本质内涵表现为城市的综合发展，并且更加注重城市的战略发展计划。这表明，城市更新自诞生之日起，就在不断地发展完善，人们对城市更新概念的理解也在不断深化。

芝加哥学派的城市社会学家伯吉斯和博格认为，如果把城市看作一个有机体，则成长、成熟、衰退、没落或更新等现象会出现在其动态变化的过程中。当城市处于形成初期阶段时，人口较少、面积狭小、城市机能并不显著。但随着人口的逐渐增加和城市面积的不断扩大，社会公众的分工也在逐渐细化，城市进入发展成熟阶段，人口集中，工商业发达，公共设施齐全完备，此时达到城市机能的最高点。但是，随着人口的继续增加，城市化所引发的问题不断得到暴露，城市的部分机能逐渐丧失，此时，城市进入衰退阶段，需要采取拯救措施，也就是说，在这个时期，政府应该采取干预城市自然衰败的措施，采用更新的计划使城市机能得以恢复。在这里，城市更新是城市发展过程中的一种现象，是城市发展过程中必需的新陈代谢。

法国城市规划师弗朗索瓦兹·肖埃同样认为城市更新是城市发展过程中有意运用的干预措施，在其关于城市规划与城市整治（更新）概念的认识中，弗朗索瓦兹·肖埃表达了三重含义：第一，城市更新即城市规划；第二，城市更新是有意识的干预行为；第三，城市更新是建立在城市发展过程中并产生经验的积累的过程。

纵观西方城市更新理论和规划实践的发展脉络，可以总结出城市更新理论研究发展的新趋势。首先，城市更新应该建立在保护城市文脉的基础之上，尊重城市发展的自身规律，保持其发展的持续性和独立性。其次，在城市更新过程中要强调对城市的人文环境和历史文化的保护，反对"一刀切"式的大规模简单推倒重建，提倡小规模的渐进式改造。再次，在城市更新的规划环节，要注重规划过程的连续性和多学科参与，主张规划设计从单纯的物质环境改造转向社会、经济和物质环境相结合的综合的人居环境改造。最后，城市更新要倡导以人为本的设计理念，注重公众的广泛参与。

刘易斯·芒福德对欧美城市的发展历史进行回顾和思考后指出，"过去多年的城市更新——清理贫民窟、建立示范住房、城市建筑装饰、郊区的扩大等，只是表面上换了一种新的形式，实际上继续进行着对城市有机机能的集中破坏，结果又需要治疗挽救"，他强调城市规划应当以人为中心，注意人的基本需求、社会需求和精神需求，反对那种追求巨大和宏伟的巴洛克式的城市改造计划。

雅各布斯对大规模的城市改造也提出了尖锐的批评。在雅各布斯看来，多样性应该是城市的天性，大规模的改造计划和活动是缺少弹性的，对于城市有机体的发展来讲，一旦进行大规模改造之后将不具备任何可选择和改变的机会，而排斥中小业主则必然会对城市的多样性产生破坏。

亚历山大将文化的价值看作城市更新的核心要素，认为在城市更新的过程中不能仅局限于在人与城市之间建立简易的表面联系，而要探索并保持城市与人类行为之间的深层次的联系，如心理方面或精神方面的联系，这样才是城市更新的意义所在。

舒马克主张在城市更新中进行适宜的小规模改造，而这种改造要达到一定的技术标准。罗伊和考特认为城市更新应该延续城市的文脉，把城市的文化和精神传承下来并渗透到城市更新过程中，从城市历史地区寻找城市文脉，以此诱发设计的对象与方法。同时，城市更新的规划理论和方法也趋于多样化，出现了诸如厄斯金的参与式规划、达维多夫的倡导性规划、布兰奇的连续性规划、林德布洛姆的渐进式规划、索伦森的公共选择规划以及近年来兴起的塞杰的联络性规划等一系列新的规划概念和方法，这些新的规划理论和实践被有些学者概括为"社区规划"。林奇、贝肯、克里斯托弗等的城市设计理论，均对旧城中心区的历史文脉、形象认知、环境建设等方面表现了极大的关注，提出了公众参与的重要性。顿达主要研究土耳其城市中非法住房的拆除问题，在经过一系列的调查和分析之后，顿达认为政府对非法住房问题应当采取积极和解的态度，而不是消极对待、强制拆除，因为这样反而会激化社会矛盾，引发潜在的社会问题。解决非法住房问题，要将之前的计划进行完善并不断升级，把城市改造作为城市转型项目的重要内容，把非法住房地区升级成为具有良好发展潜力的空间，使其成为城市的财富，提升城市的整体形象。

三、城市更新研究的相关理论依据

（一）委托代理理论

委托代理理论兴起于 20 世纪 70 年代，是当代最重要的契约理论发展成果之一。1973 年，罗斯发表《代理的经济理论：委托人的问题》一文，首次提出"委托代理理论"。委托代理关系是一种经济活动中的契约关系，最初是保险领域研究的问题。委托人希望存在一种最优契约，这种契约能够使代理人在利益相冲突和信息不对称的恶劣环境下采取对委托人最有利的行动，从而维护委托人自身的利益。委托代理理论有两个基本假设：第一，委托人与代理人之间的利益相互冲突。这时，代理人可以利用委托人的资源决策权谋取自己的利益。

因而，委托人与代理人之间需要建立某种机制（契约）以协调两者之间相互冲突的利益。第二，委托人和代理人之间信息不对称。由于委托人无法知道代理人是否努力及努力程度如何，代理人便可以利用自己拥有的信息优势，谋取自身利益的最大化。因此，委托人必须设计某种契约或机制，使得代理人选择适合委托人利益的最优途径。由于委托人和代理人之间的利益冲突及信息不对称的存在，所以代理人的道德风险问题屡见不鲜，代理问题普遍产生。国家、中央政府、民众、城市政府（或政府部门）、特定市民阶层、建设企业和开发商等相互间的关系类似于"委托代理关系"。所以，在城市更新过程的分析中，委托代理理论常常被作为一个分析工具。

（二）公共选择理论

公共选择理论产生于 20 世纪 40 年代末，在 20 世纪 50 年代形成基本原理和理论框架。美国当代著名经济学家、诺贝尔经济学奖获得者布坎南是公共选择理论的领袖人物，他为该理论的完善和发展做出了重要贡献。公共选择理论的宗旨是把经济制度中的人类行为与政治制度中的政府行为纳入同一分析的思路，修正传统经济学把政府置于经济学分析之外的缺陷。公共选择理论认为政府官员是具有个人利益取向的"经济人"。该理论的前提假设是观察到的政治模式本质上反映了行为个体对利益的理性追求。根据对个人利益和集体利益之间关系的不同观点，公共选择理论可分为硬理论和软理论两个分支。硬公共选择理论的代表著作是奥尔森在 1965 年出版的《集体行动的逻辑》一书。奥尔森在个人理性和集体理性之间划分了清晰的界限，并认为两者之间是基本对立的，这也是他与软公共选择理论家最大的区别。他指出，很多项目决策的结果往往是，利益由小部分人获得，而成本却由大部分人承担。同时，类似议员这样的决策者，他们关注的重点是自身的政治基础，而不会考虑项目的经济效益。软公共选择理论则认为，在集体利益和集体中的个人利益之间存在着一种基本的和谐。这个理论的代表著作是 1981 年皮特森的《城市的局限》，其主要观点是，地方政府官员和公共事务管理者的行为不仅仅是出于谋取他们的个体权益，而是存在着一个共同价值基础，即倡导行政区域内的整体利益，并且他们之间的协作与理解大于矛盾与分歧。

（三）机制设计理论

机制设计理论始于赫维茨 1973 年发表在《美国经济评论》杂志上的论文《资源分配的机制设计理论》。鉴于奠定了机制设计理论的基础，赫维茨、迈尔森与马斯金共同获得了 2007 年诺贝尔经济学奖。机制被赫维茨表述为一对设定，给定任何环境下参与人能够选择的行动（决策集）和参与人决策的每一个组合所对应的物质结果（后果函数）之间的设定。该理论在迅速发展过程中产生了两个主要的研究成果——"显示原理"和"执行理论"。所谓显示原理，是指任何一种资源配置的规则，如果能够被某个机制所达到，那也一定存在一个直接机制可以实现这一资源配置的规则，并且在这一直接机制中，每个理性参与人都会真实报告自己的信息。显示原理的重要性在于，它通过给出一般性机制与报告真实信息的直接机制的等价性，使人们可将注意力集中于报告真实信息的直接机制上面，进而缩小了人们的选择范围，使得很多问题可以用数理方法解决。而当人们只需要考虑寻找最优的直接机制时，激励相容约束与理性参与约束就成为机制设计理论模型中最重要的约束条件。机制设计理论中的另一项重要研究被称为"执行理论"。在一个直接机制中的激励相容条件保证了一个报告真实信息的均衡，但是，这很可能不是一个机制的唯一均衡。

第二节　城市更新的要素和特征

　　世界上任何国家的城市更新都有一些共同的特征，都包括了一些共同的基本要素，如城市更新的主体、城市更新的对象、城市更新的目的、城市更新的过程、城市更新的评价标准等。

一、城市更新的要素

（一）城市更新的主体

　　在城市更新过程中，城市政府、投资开发和施工企业、原住机构和市民是主要的参与者或涉及者，他们在其中扮演着不同的角色，正确处理好相互之间的关系，对于整个更新过程起着至关重要的作用。政府又可以分为一级政府和政府具体职能部门，在城市发展中它是城市更新的主导者，负责城市更新规划的制定、实施及对于开发商具体工作的监督等。在具体的城市更新过程中，开发企业分化为产权拥有方、承包商，负责城市更新的具体实施工作，并力图最大化盈利。随着自身参与意识及能力的提高，市民也逐渐成为城市更新的重要参与者，他们通过各种手段向政府及开发商施加压力，使城市更新向着对自身更加有利的方向发展。此外，政府、企业、原住机构、居民和一些非营利社团，在城市更新中利益追求差别极大，有时甚至是对立的。

（二）城市更新的对象

城市更新的对象分为两类：一是直接的、有形的，即物质形态上老化、结构缺陷和功能衰退或损毁的市区建筑设施；二是间接的、无形的，即邻里关系、社区网络、空间视觉、人文环境等。

城市作为人类社会现代文明的重要标志，不仅具有物质上的形态美感，还通过其结构、功能发挥着基础作用。一个现代化的城市不仅能够满足本地居民的基本生活要求，还能够吸纳接受更多的人力资源等要素流入城市，促进城市更好、更快地发展。城市更新所针对的"老化市区"，并不单纯指城市硬件的老化，比如建筑物的破旧、棚户区的存在、城市基础设施的不完善等，还意味着城市功能的衰退，包括城市更拥挤、不能提供足够的就业机会、市民的生活水平得不到提高、城市文教卫生发展缓慢、政府信任度不高、投资环境差等。

（三）城市更新的目的

从整体上讲，城市更新的目的是提高城市的竞争力和城市的整体社会福利。城市更新的直接目的是提升城市的竞争力，实现城市现代化，而根本目的或最终目的是改善城市的整体社会福利。吸引资源、引进外来资本和人才的根本目的是发展城市，提高人们的物质文化生活水平，实现城市整体社会福利水平的提高。城市更新是提升城市竞争力的有效手段。随着我国加入世界贸易组织和经济全球化的发展，城市之间的竞争愈演愈烈，我国的城市发展也面临着前所未有的挑战。"如何提升城市竞争力"已经被城市领导者列入政府的重要议程，并积极展开讨论、探讨相应对策。各地城市发展不平衡的现象，本质上就是城市竞争力的差异。竞争力强的城市，不仅会获得更多的稀缺资源，而且会优化配置这些资源，提高资源的利用率，培养出更多的有竞争力的产业部门和企业，为市民提供更多的获得知识和就业的机会，为市民提供更多更好的社会保障和社会福利。反之，一个缺乏竞争力的城市，将在激烈的竞争中趋于衰落以至于在经济社会新环境中被淘汰出局，企业外迁、人才外流、资本撤出、资源流失，从而错失发展机遇。对于城市硬件和软件进行更新，进行旧城改造、完善基础设施、改善生态环境、提供优质公共服务、倡导自由，就是为了不断提高城市提供服务的能力、获取并转化资源的能力、提供高品质生活的能力等，在满足本地市民需求的同时，不断吸引外来人才、资本、技术、企业等资源的流入。但所有的发展，最终都是为了城市整体社会福利水平的提高。

（四）城市更新的过程

城市更新是一个漫长的持续过程，而不是一个简单的结果。城市更新是城市发展的过程。城市发展包括两层意思：城市化和城市现代化。城市化是农业社会转化为工业社会的过程，是工业化的产物和工业化过程的伴生物，是农村人口转化为城市人口以及资源向城市集中的过程。城市现代化既是城市基础设施现代化，也是城市管理、制度、服务和文化的现代化。城市设施即城市硬件的现代化无疑要靠城市更新来实现。所以，城市更新就是城市不断现代化的漫长过程。一是城市规模和现有建筑设施成为城市更新的基础；二是城市现有的物力、财力是城市更新的物资限制；三是城市发展的具体需求和城市人口规模增长是城市更新的一般动力。因此，城市更新必须与城市的扩展、经济发展水平、财力物力等相适应，特别是要与城市发展和人口规模相适应，即城市更新必须是缓慢持续的一个过程，是多代人的接力延续，不可能也不应该在短期内追求大规模更新，寄希望于几年间就使城市旧貌变新颜。

（五）城市更新的评价标准

从客观物质实体看，城市更新的核心是效率，即损毁消耗最少的物质文化财富，最大限度地实现城市发展和社会福利的提高。评价一个城市更新项目，不仅要看城市建设了什么，城市面貌改善了多少，更要看城市为此失去了多少，付出了多少，损毁了多少现有财富，即综合的经济成本、社会成本、政治成本和文化成本。

从社会内容方面看，城市更新的核心是利益公平，即合理调整城市各阶层社会群体的利益，让相关的各社会群体都能分享到城市发展进步的成果。城市现代化是城市发展和城市进步的文明成果，是整个城市民众乃至全体民众努力劳动的结果，是整个社会经济技术发展的结晶，理应由广大民众分享。城市更新不应成为促进贫富分化的手段，更不应成为一部分人剥夺另一部分人，一部分人驱赶另一部分人的工具。"驱贫引富"和"两极分化"都是城市更新根本目标的偏离。

从社会发展现实性看，城市更新必须实现扩大就业。就业是绝大部分社会成员谋生的基本手段，是改善物质生活和促进身心健康的条件。特别是在我们国家，人口和就业的压力都很大，一是农村分离出的人口主要向城市聚集，靠城市发展吸纳就业。二是城市人口以及城市更新分离的人口也主要靠新的就业机会谋生。因此，城市更新必须与就业相联系，必须促进、扩大就业，绝不能为城市更新而更新，更不能以一时的国民生产总值的增长为目的。

城市更新不仅仅是城市发展的过程反映，它也是一种产品。它是城市相关利益主体共同生产的一种城市产品，它代表了一个城市的特色、文化和历史。

二、城市更新的特征

（一）城市更新理论与城市更新实践同步推进创新

一方面，作为城市发展的一种重要形式，城市更新表现为城市发展的一种实践活动。城市更新是对于功能残缺和老化的市区进行的改造，包括棚户区的改造、城市基础设施的改善、环境的治理、城市居民生活水平的提高等方面，这一系列的活动势必要求相关主体投入大量的人力、物力、财力，制定相关规划。这些工作都是实实在在的，其进步成果是看得见、摸得着的，但其负面影响和诸多失误也是显而易见的，并对城市的发展产生实际的影响。另一方面，城市更新也表现为一种理论创新。在城市更新的过程中，产生了一系列的城市更新理论，指导城市更新实践的进展。比如，早在 1922 年，霍华德的"田园城市"更新理论提出了在大城市外围建立卫星城市以疏散人口、控制大城市规模、改善城市扩张矛盾的建议；芬兰建筑师沙里宁的"有机疏散"城市更新理论，努力为西方近代衰退的大城市找出一种更新改造的方法，使城市逐步恢复合理的秩序。这些更新理论具有重要的时代意义，对当时西方的城市更新实践产生了深远影响。

（二）多元参与，政府主导

城市更新是一项复杂的工程，涉及诸多相关利益主体，需要多个参与主体来完成，如城市政府、企业、市民、专业团体和民间组织都是主要的参与者，分别在城市更新中扮演着重要角色，对于城市更新过程起着至关重要的作用。其中，城市政府在诸多主体中处于强势地位，往往起到主导作用。政府部门的主导性表现在主导城市更新规划的制定、保证公共利益的实现、掌控更新的走向等方面。企业又分为开发商和承包商，它们在政府的指导下负责城市更新的具体实施工作。城市市民也是城市更新中不可忽视的力量。市民通过积极参与其中，可以影响城市更新规划的制定，一定程度上保证了城市更新规划的民主化、科学化。专业团体以专业化知识和专业化实践活动发挥特有的影响力，可以有效制约和矫正城市更新走向的偏差。民间组织参与到城市更新的过程中，保证了社会公平性和社会公益性。

（三）模式多样化

城市更新主要有如下三种方式：①重建，即完全打破原有的城市结构布局，推倒原有的破旧建筑，重新进行规划、建设，比如二战后欧美国家对颓废住宅区进行的大规模重建。其特点是变化幅度大，最富有创意性，但也最为激进，需要大量资金，进展缓慢，受到的阻力也最大，较易引起社会的震动和矛盾冲突。②改善和修建，即对于比较完整的城市，剔除不适应城市发展的方面，增加新内容，弥补旧有城建的缺陷，改建、完善、扩大和增添原有设施的功能，以满足不断出现的各种新需求。这种模式较重建模式变化幅度小、所需资金少，可以最大限度地减轻拆迁安置的困扰等，实现了城市发展与地方文脉保护的完美结合。③保护，即对那些具有良好状态、功能健全的旧城或历史地段、城市文物、名胜古迹、特色建筑等以新技术新手段进行维护，以延缓或停止其功能或形态的恶化。保护是城市更新中的一种预防性措施。

（四）系统性

城市更新是一项复杂而又系统的工作，不仅仅包括对于城市硬件，如城市住房、基础设施的改善，还包括对城市产业的调整置换、城市社会原有邻里关系的更新，涉及城市各个利益主体和城市各个行业的方方面面。城市是一个严密的社会有机体，是一个社会生态大系统。从长远看，城市更新是城市整个物质形态的进化完善，也是城市文化和历史的延续维护。所以，城市更新必然是一个庞大的物质系统、社会系统和特色产业体系的延展、进化和提升。

（五）动态性

城市更新的动态性主要表现为城市更新在不同时期被赋予了不同的内容。城市更新是城市有机体成长发育的过程，其动态性表现在人类社会进步、物质技术进步、经济发展、城市历史延续等方面。但同时，城市更新又会受到人类物质技术水平、经济发展水平、人类认识水平、直接财力物力等方方面面的限制，不可能一蹴而就，毕其功于一役。一味反对拆迁、敌视城市更新是不现实的，但规模过大的城市更新更是违背城市发展规律的。

第三节　城市更新的动力

一、城市政府的推动

一般意义上讲，通过城市更新，推动城市基础设施的完善、生活环境的改善、产业结构的进化、城市经济的发展、市民素质的提高、社会治安的维护等，是城市政府基本职能的体现。因此，城市政府及其相关职能部门理应特别重视城市更新。除了考虑到其政府职能部门应履行的职责之外，获取更多的部门利益及在更新中做出更多的显性政绩，更是城市政府推动城市更新最直接、最强烈的动机。对近十几年中国城市更新的调查结果显示：城市政府是城市更新中经济利益方面的最大受益者。

城市政府在直接资金支持方面的动力是双重的。第一，在任何经济环境下，政府虽不是城市更新资金的主要来源，但也是不可忽视的主要组成部分。在市场失灵的情况下，在一些特殊的公共领域，如城市历史地段建筑的维修、防护，基础设施和廉租房建设等大量公共建设方面，需要政府提供资金支持。从政府自身来看，政府的财政支出分配是多方面的，城市更新也只是其众多开支中的一项。但城市更新所需资金的数额一般较大，政府在有限的财政金额下，也不可能为其提供充足的资金。第二，在目前中国经济环境下，城市更新又是城市政府获得巨额财政收入的源泉。城市更新中政府通过出售、出租土地获取巨额收入，在有些城市甚至成为主要收入，这一现象被表述为城市政府的"土地财政"。

公共政策是由政府制定和选择的，用以解决社会公共问题的规则和方案。在城市更新中，政府虽然不能投入足够的资金，但是可以通过政策倾向来引导其他社会力量的参与。一定程度上讲，政府的更新政策在很大程度上影响着城市更新的模式。发达市场经济国家的城市政府主要是运用税收政策、贷款政策、补助基金和奖励制度等手段来参与旧住区的更新。例如，在历史建筑的保护、维修与更新中，政府提供低息贷款，减免相关税费，由历史文化保护基金等提供资金援助；在鼓励中低收入居民开展合作建房中，政府提供廉价的土地、低息长期贷款，由住宅基金、社区发展基金等提供资金援助等。

二、开发商的投资和经营

城市更新为开发商提供了巨大的市场和商机，开发商因此趋之若鹜，但其为城市更新筹集和提供资金的作用和贡献也是巨大的。当然，开发商是"经济人"，他们为城市更新提供的巨额资金并不是"免费的午餐"，其趋利性也是最根本的。中国城市更新的实践表明，开发商是城市政府之外最大的经济利益受益者。

城市更新所需要的资金主要来源于市场。城市更新为开发商提供了市场，但开发商在获取市场的同时，也为城市更新筹集并提供了大量的建设资金。

在政府对一些建设项目招标的情况下，开发商在保证自身盈利的前提下，积极竞标。中标后，便按照政府的总规划投入资金，并开展具体的施工建设。在进行具体的施工时，或者由投资商直接进行，获取直接利润；或者由投资商把工程分包给承包商，从中获取间接的差额利润。开发商投入大量的资金，建立项目，并进行市场的开拓、市政配套和社会配套的相关工作，始终都脱离不了其作为企业的最终目标——追求经济效益和利润的最大化。

在城市更新中，开发商最青睐的往往是拆除重建模式，这种开发行为在很大程度上加快了城市住房、基础设施等硬件的更新，使城市面貌焕然一新。但这一模式也是对历史文化遗产和城市特色破坏最严重的。这一模式是大规模的、彻底的，还势必会联系到对拆迁建筑物的赔偿问题，比如对于拆迁住房居民的补偿：是采取回迁还是外迁？补偿款是多少？等等。所以，开发商的投资主要用于两个方面的支出：其一是建设成本，包括材料、人力等方面的支出；其二是补偿支出，主要是对于拆迁户的补偿。

三、城市居民、专业团体和民间组织的积极参与

作为与城市联系最为密切的一个群体，也是利益最容易受到侵害的群体，城市居民是城市更新中不可忽视的参与者，他们也在不同程度上推动了城市更新。随着市民主体意识的增强，当城市出现结构失衡、功能老化或不能满足其要求时，市民便通过各种途径、方式，积极要求进行城市更新，或者参与到城市更新中影响规划的制定，以期规划朝着有利于自身的方向发展。

（一）出席听证会

随着社会的进步和民主程度的提高，政府在城市更新规划的酝酿阶段都会举行公开的市民听证会。有些国家的政府机关在正式的政策出台之前，还会在

有关的政府公报或新闻媒介上将拟议中的政策公之于众，征求市民的意见。因此，市民可以利用这一机会，展开与政府官员的直接对话，表达对于规划的意见、要求，影响相关政策、规划的制定，使城市更新朝着有利于自身的方向发展。

（二）借助新闻媒体的力量向有关政府部门施压

当今社会，新闻媒介对于人们的影响无处不在、无时不有，报纸、广播、电视等都在以各种方式影响着人们的日常生活。在现代西方社会，新闻媒介对于政治生活的影响更大，尤其是在政治生活领域，其成为传统"三权"之外的"第四种权力"。当一个城市的结构、功能老化到不能满足正常需求时，市民都可以借助媒体的力量来表达对于城市更新的要求及对政府部门的期望。一般在新闻报道曝光以后，有关政府部门都会考虑市民的要求，并采取积极对策。

（三）游行、示威活动

市民的要求和利益通过其他方式不能得到满足时，还有最后的办法，就是游行、示威、罢工、静坐之类的所谓的非暴力不合作方式。在一些西方资本主义国家，如美国、英国等，很多市民都成功地运用这种方式来实现了自己的目的，维护了自身的利益。

另外，民意调查、社区讨论会等也是西欧各国公众参与城市更新的主要方式。"街区俱乐部""反投机委员会""街区互助会议"等城市居民组织亦蜂拥而起。由社区内部自发产生的"自愿式更新"，即"自下而上"的小规模的以改善环境、创造就业机会、促进邻里和睦为目标的"社区规划"；以及法国城市计划中市民群体"协商"原则，即由政府官员与城市各行业代表及社会各界代表进行充分协商、对话，共同完成城市计划的编制工作，便是公众参与的极好典型。

市民正是通过上述几种直接的、间接的方式来向有关政府部门表达自己的利益要求，在自身的归属感、认同感得到提升的同时，使城市更新规划朝着科学的方向去制定，促进了城市内部各种资源的合理整合及有效利用。城市市民是与城市接触最为密切的一个群体，无论是生活还是工作，他们时时刻刻都在与城市发生着联系。因此，城市市民对于城市中存在的问题感受最深，对于城市更新的要求也最为迫切。现实中，市民无非是为了能有更好的生存、生活和发展环境，才积极要求并支持城市更新的。

第四节　城市更新的保留与维护

城市更新不是推倒重来，不是彻底拆除和全部重新建设，更不是物理性的割断历史，而是城市有机体的自我发展和自我完善，是城市功能、设施、产业等方面的全面升级，是城市历史的延续。在城市更新中，忽视或缺少了维护与保留，城市就丧失了历史，没有了延续。在城市更新中最关键、最难处理的就是城市保护问题。城市保护工作往往与近期经济利益、短期的政绩产生尖锐的矛盾，一旦产生冲突往往牺牲的是城市保护，这使城市保护工作处于非常艰难和被动的境地。城市更新中究竟应该保留什么，维护什么，怎样维护与保留，是城市更新的重要内容。某种意义上讲，保留与维护是城市更新的基本内容之一。

一、城市更新的保护

综观各国相应的古迹保护措施和法令，保护的对象各不相同，但是总体看来主要包括：文物古迹，历史古城，水源、山体、特殊地质构造等具有重要意义的自然保护区，城市发展历史痕迹，城市特色建筑。

（一）物质形态与非物质形态的文化保护

历史文化遗产的物质形态是城市个性的载体，有着重要的审美意义，而且有着更深层次的文化意义，承载着一个城市的历史。它不仅可以彰显城市本身特有的个性，满足人们对城市历史文化的认同，更有利于提高城市的竞争力。城市更新中，尤其是在城市更新历史的早期，人们热衷于不加选择地对城市建筑进行大规模的拆迁重建，造成了城市保护和城市更新的对立和冲突，但随着科学技术的进步以及人类关于城市发展、城市更新和历史文化保护观念的转变，城市更新和历史文化保护的关系正在逐步朝着相互促进的方向转化。事实上，城市保护是城市更新的一种方式，维护城市的名胜古迹、历史文物、城市特色建筑和原有历史风貌是城市更新中的基本内容。城市更新必须建立在保护城市历史文化和历史传统的基础之上。

在很多状况下，物质文化遗产与非物质文化遗产是相互依存地附着在一起的。城市的名胜古迹等诸多物质文化遗产以及相附着的非物质文化遗产，是一个城市可以永续利用的有形资产和无形资产，是社会财富中的无价之宝，由此影响甚至塑造了一个城市的传统文化和城市特色，形成了城市不可磨灭的一段历史或一个历史片段。城市的这类有形资产或无形资产，随着整个人类社会发展和历史日益久远而变得更加珍贵，城市更新必须侧重保护这些资产，维护其历史特色。

意大利的威尼斯是一个美丽的水上城市，它建筑在最不可能建造城市的地方——水上，威尼斯的风情总离不开"水"，蜿蜒的水巷、流动的清波，诗情画意久久挥之不去。威尼斯是文化遗产保护的成功范例，它重视场所精神，因地制宜，保持城市个性与特色，威尼斯古迹文物众多，政府为保护城市独特的文化生态系统，通过科学的城市规划和严格的整治有意识地进行干预，同时以法律和物价等手段严格控制游客人数。这些举措有效地保护了威尼斯的自然环境和人文环境，实现了社会效益与经济效益的可持续发展。

城市的文脉和特色不是一成不变的，而是随着城市的发展不断注入新的内涵或内容，但是只有维护好原有的，保存好历史固有的，才能注入新的发展了的内容。

西安市已有 3000 多年的建城历史，无论是在唐迁都之前作为都城，还是后来作为王城或者府城，城市更新都伴随着其自身历史的发展和变迁。西安作为世界四大文明古都之一，历史悠久，记载了人类文明发展中的重要内容，并保存了众多历史遗迹，其中包括众多的物质文化遗产和非物质文化遗产。

西安市真正意义上的城市更新是从新中国成立后才开始的，进入21世纪后，面对新时期的城市发展要求，西安市在城市总体规划中，围绕城市现代文明与历史文化遗产和谐共生的理念，采取新旧分治的方法，在老城继续实施"唐皇城复兴计划"，以保护和恢复核心区"唐皇城"的历史风貌为前提，整合特色空间、凸显传统格局、营造文化环境，提升和改善城墙内的环境质量。在城市更新的背景下，加强对历史文化遗产的保护，就是要使历史文化遗产的保护具有持续的生命力，这样既保存了人类珍贵的历史记忆，又使其符合社会发展的需求，同时能满足现代人的生活需要。历史文化遗产的保护和城市更新并不一定是一对矛盾体，只要采取适当的措施就能够获得双赢的结果。

城市更新中的保护有以下两种方式，采用哪种方式主要取决于历史文物古迹的自身条件以及对其价值的考量。

第一，全面保护整治。这种保护方式就是对具有重要历史价值的历史街区、重要古迹、历史文物等完全保留，保持其原貌。它是本着尊重历史的原则，主要针对原有城市风貌破坏较轻微的具有重要历史价值的街区和历史文物建筑，以最大限度恢复历史原貌为保护目标。

第二，更新保护。文物古迹之所以能够成为城市更新过程中的保护对象，必定经过了历史风雨的洗礼。为了更好地保护其历史价值，需要进行一定的修缮和维护，或是保护意义上的内部功能的更新，或是进行外观上的修缮而保存其内部功能。

（二）自然环境与生态系统的保护

自然环境和生态的保护，是城市更新的又一重要方面。一个城市的起源和兴起，往往是由其经济、地理、生态等多种因素作用而成的。

在水体的保护方面，九寨沟堪称典范。九寨沟位于四川省阿坝藏族羌族自治州九寨沟县漳扎镇，是白水沟上游白河的支沟，以有九个藏族村寨（又称何药九寨）而得名。九寨沟海拔在 2000 米以上，原始森林遍布，沟内分布 108 个湖泊，有"童话世界"之誉。四川省人民政府对九寨沟自然保护和风景名胜区的保护由来已久，九寨沟自然风景的保护由"四川南坪九寨沟自然保护区管理处"统一管理。管理处机构为县局一级，由南坪县政府直接领导，配备管理机构的领导班子。四川省人民政府采取有效措施，无论是在城市规划或者城市更新过程中，还是在平时的保护中，都严禁任何人在区内毁林垦荒、伐薪烧炭、开山凿石、围海造田、捕杀野生动物、擅自采集植物标本，严格保护区内的地形、地貌、水体、山石、土壤、大气及各种动植物，保持和发扬景观原有特色。

达沃斯位于瑞士兰德瓦瑟河畔，海拔 1560 米。这里群山环抱，风光旖旎，一条宽阔的中心大街横穿市区，两旁山坡上错落有致地排列着色彩和谐的楼房。达沃斯虽小，却闻名遐迩。通常在每年年初，世界经济论坛都要在这里召开年会，至今已有 40 年的历史，因此世界经济论坛也被称为"达沃斯论坛"或"冬季达沃斯"。达沃斯位于一个 17 公里狭长的山谷里，海拔高达 1540 米。在达沃斯，保护重于开发，经济和社会发展中始终突出一个主题——保护。达沃斯在保护山脉方面做出了很大的努力，他们进行了全面的规划、科学的管理和合理的开发，使得达沃斯成为世界环境保护的典范。

二、维护中存在的突出问题

（一）毁真建假

城市更新方式是一个连续不断的过程，一律推倒重建的简单化倾向不仅浪费资源，同时也会对一个城市的固有生态、历史古迹、人文环境造成破坏。同时，城市更新通过将土地的承载量调整到一个更为合理的适度范围内，优化城区环境，将土地稀缺由简单的供给性稀缺转变为投资性和功能性的稀缺，因此城市更新后，土地的价值也将实现投资性和功能性的增值。采取推倒重来，不切实际地毁坏历史遗迹的方式，所花的代价往往是高昂的，甚至会造成难以弥补的巨大损失。城市历史文化最大的价值在于它的"原生态"。今天看来，像希腊的奥林匹克公园、罗马角斗场等遗迹，充其量是一堆碎石或废墟，但是正是这些在原址上保护下来的历史遗迹，真实地印证了人类文明进步的脚印，照亮了人类文明前行的路程。历史文化名城最大的与众不同之处，就在于它拥有属于自身的独特的历史记忆。假如我们把这些仅有的历史记忆东挪西移或推倒重来，历史文脉就会因为人为的破坏而断裂，城市就有可能成为"失去记忆"的历史名城。

（二）修旧如新

对历史文化遗产的"建设性破坏"随处可见，许多历史文化遗产都遭到了无情的毁灭。正如法国作家普鲁斯特在《追忆似水年华》中所说："我们所知道的过去已不复存在。"留住记忆可以启发人们去探索适合当地的建筑形式与城市更新的方式，传达与地域文化的沟通。在这种情况下，我们的城市规划要做好历史文化遗产的保护工作。在城市历史价值保护方面，代表人物当属著名的亚历山大，其主要观点为：以往大规模形体规划对现有城市采取完全否定的态度，忽视和摧毁了城市历史环境中存在的诸多有价值的东西，不但不经济，反而导致了城市人文环境的丧失，因此改造发展中应当注意保护城市环境中好的部分，对历史保护区的新建筑进行严格的控制，对于历史遗迹进行保存和修复。

最近几年提出过修旧如旧，可是真正落实的没有多少。对文化遗产"修旧如新"的保护使得现代的人找不到遗迹的感觉，同时也失去了对曾经一段历史文化的传承。雷峰塔原建造在夕照山峰上，位于杭州西湖南岸南屏山日慧峰下净慈寺前，为南屏山向北伸展的余脉，濒湖勃然隆起，林木葱郁。清朝前期，雷峰塔以裸露砖砌塔身呈现的残缺美以及与《白蛇传》神话传说的密切关系，成为西湖十景之一，为人津津乐道，连康熙、乾隆二帝也多次前来游览和品题，"雷峰夕照"名播遐迩。然而，现代的雷峰塔竟然安装上了电梯，这样就脱离了历史原本应该有的意义。我国在城市更新过程中，要尊重历史，传承文脉，科学合理地利用古城遗迹，保持古迹的原真性，创造独特的地域标识性景观。

（三）破坏城市环境和生态

清代中叶时，洞庭湖面积达6000多平方公里，是中国第一大淡水湖。此后，

21

洞庭湖的水域不停地受到泥沙的侵犯，20世纪60年代以来，每年经荆江"三口"（松滋、太平、藕池）入湖泥沙约12300万吨，经"四水"（湘江、资水、沅江、澧水）入湖泥沙为3460万吨，合计15800万吨。而在出口城陵矶流回长江的泥沙仅为3800万吨，湖区每年淤积12000万吨，上百年的淤积，其严重程度可想而知。加上人为的筑堤垦荒的影响，现在洞庭湖已缩至2820平方公里，萎缩成"洪水一大片，枯水几条线"的惨景。1949年到1983年的34年间，湖面缩小38%，围湖造田使湖面减少2000万亩，湖水容量减少40%以上。

南澳县是广东省唯一的海岛县，陆地面积112.23平方公里，90%以上是山地，海岛岛屿沿岸水深10米以下的海域达165.7平方公里，是优良鱼类、贝类、藻类的栖息地和繁殖区，旅游资源十分丰富，素有粤海明珠和东方夏威夷之称。然而目前人们在南澳岛看到的却是另一番景象：13根浸泡在大海中的水泥桥墩从码头一直排向大陆；岩石泥土裸露，水土流失严重。离开码头沿海岸向北，只见一处填海工地上大车在不断向海中填倒土石，挖土机正在把一棵棵树木连同泥土一块铲起。这样的填海工程对城市的整体环境和生态的建设无疑造成了严重的伤害。

第二章　城市更新的利益机制

现代经济的迅速发展使城市的功能发生了深刻的变化，城市已经成为各类经济和社会发展要素集中的主要载体，面临着各方资本的激烈争夺。卡蒙将欧美的城市更新划分为强调居住环境的大规模旧城改造、以解决社会问题为重点的社区复原运动、强调经济发展的中心区复兴等三个不同的历史时期。由此可见，城市更新具有符合城市发展的一般规律，具有世界普遍性，并且城市更新直接关系到城市的再生和可持续发展，是提升城市竞争力的有效手段。

对人们的经济活动和管理行为进行分析，利益分析法这一工具必不可少。正如马克思所说：人们奋斗所为的一切都与他们的利益有关。深层次的利益关系是揭开城市更新中种种现象和矛盾的关键。利益机制所表现出来的多变性、隐蔽性、抽象性以及多样性在城市更新项目中能够找到更加确切的表现形式和实现途径。城市更新的本质是地方政府重新对稀缺资源进行权威性分配，在分配过程中需要制定相关的法律、法规、政策条令等，以规范利益主体的行为。利益机制就是通过以上规则的合力使各方利益主体的预期利益和城市更新的设定目标达到一致，进而实现最优化的资源配置。理解城市更新就必须分析利益机制，把利益分析的方法渗透到城市环境的特性和运行方式之中，体现出权利、利益博弈的过程。

第一节　城市更新的利益主体及其结构关系

随着市场经济发展、社会转型、公民民主参与意识的增强，城市更新涉及的利益主体更加复杂化和多元化。而地方政府"经济主体"与"政治主体"的双重身份又严重制约了各方利益主体，进一步阻碍了利益主体间深层次的合作关系。

一、利益主体的划分

城市更新涉及的利益主体关系复杂，其中最核心的主体由地方政府、开发投资商、社区公众（动迁的社区居民）组成。由于利益层次的不同，其中任何一个主体都可以分解为若干次级利益主体。

第一，我国正处于社会转型期，政府的职能正在向"社会管理"和"公共服务"方向转变。城市的行政管理机构设置过多，导致责权利划分不清。从横向关系分析，与城市更新项目直接相关的政府部门多达十几个，如计划委员会、规划与国土资源局、建设委员会、房产局、城管局、园林局、交通局、水务局、环保局等，每个部门都涉及一个甚至多个利益主体。从纵向关系分析，市、区、街道三级管理机构都拥有所属权限的审批权，可以在管辖区内对更新项目实施干预，有多少层级就有多少次级利益主体。不同部门从各自利益出发可以出台部门规定；部门的行政官员从私人利益出发可通过制定相关政策维护自身利益。针对以上利益的分化现象，城市政府不宜笼统地作为单一利益主体，有必要对其进行分化，具体可划分为：政府整体的利益、政府各部门的利益和政府官员的自身利益以及分层级派生出的更多利益主体。

第二，投资商或开发商、建筑商、拆迁企业既可以是集几种身份于一体的，也可以是通过层层分包和身份分离，产生多个不同层级的主体。

第三，原著居民和原住机构在城市更新的利益关系上，既有较大的一致性，又有明显的差异性。城市政府和开发商在拆迁中往往表现出利益的一致性，但在具体要求和利益具体分配中，又各有各的利益。城市政府、开发商以及社区公众之间在利益上都存在差异，在经济越发达的城市，这种差异性就表现得越明显。因此，在政府部门、投资商内部和公众内部可以形成不同的利益群体和次级利益群体。

二、利益主体间的结构关系

在城市更新利益主体间的结构中，由于行政管理体制改革滞后、公民社会的培育不足、政府的相对强大和绝对主导等原因，地方政府不仅要承担城市公共服务、公共管理的功能去制定一系列的制度法规，而且一般还作为更新项目的发起人和主要控制者，承担城市更新的一些职能，如城市战略规划、投资、冲突管理等。地方政府的双重身份使得投资商和公众的集体行为在三者互动时存在着对地方政府的"权力依赖"。所谓权力依赖，指的是致力集体行动的组织必须依靠其他组织；为求达到目的，各个组织必须交换资源。交换的结果不仅取决于各个参与者的资源，而且也取决于游戏规则以及进行交换的环境。当前各地地方政府在城市更新的资源交换过程中处于主导地位。随着公民参与决策意识的增强和开发商投资规模增长带来的议价能力的提高，政府的某些行为已经受到了来自其他利益主体的抵抗。与此同时，公民和开发商也强烈渴望与相对强势的政府部门结成伙伴关系。一般说来，主体间存在下面三种关系：①主导者与职能单位的关系，指一方（主导者）雇用另一方（职能单位）或以承包方式使之承担某种项目。②组织之间的谈判协商关系，指多个组织经过谈判协商，利用各自的资源合作进行某一项目，以求能够更好地达到各自单位的目的。③系统的协作关系，各个组织有着共同的想法，通力合作，从而建立起一种自我管理的网络。根据上述理论，当前我国地方政府与公众以及地方政府与开发商之间的关系还只是停留在前两种形式上，缺少系统的协作，因此导致各种"机会主义行为"或"生产性行为"普遍存在。

三、差异的利益需求

利益主体的行为动机是以利益需求为出发点的，并以此形成差序性的行为表现。利益是人们为了生存、享受和发展所需要的资源和条件。利益可分成三个层面：一是满足组织和个人生存和发展的基本资源和条件，这构成了组织和个人的基本利益。二是组织和个人在履行其扮演的角色所规定的权力、责任与义务时，必然要求获得与其权力、责任、义务轻重大小相对称的角色利益。三是组织和个人为满足自身过度膨胀的利益需求，利用其在社会分工中获取的特殊地位和权力来谋取额外的、不应得到的失常利益。

（一）整体的地方政府的利益

在我国，行政放权和财政分税制等措施的推行正式地将地方经济利益合法化，地方政府不再仅是中央政府的税收代征机构，而是可以合法地支配自己的收入，具有了一定的剩余索取权。一方面，地方政府希望通过城市更新得到土地转让金、保留和拓展税费来源增加财政收入；通过尽量少的公共资金吸引尽量多的企业或私人投资到更新项目中来，以保障组织自身的基本运作。地方政府代表国家垄断城市土地资源，社区公众无权就房屋所占土地的使用权进行交易，只能由政府将土地使用权出让给投资商，收取国有土地有偿使用出让金。另一方面，作为公共管理的服务者，地方政府需要维护和增进公众的社会总福利。

（二）政府部门和政府官员的利益

作为政府组织的组成单元和具体行为的承担者，政府部门和政府官员的利益取向构成既包括与整体政府的利益保持正相关的内在一致性部分，又包括独立主体生存发展所需利益的部分。各职能部门的工作侧重点以各自的特定职能领域为准，但更受到本位利益的驱动而突出各自的业务领域去追求部门利益最大化；政府官员希望在其岗位上达到个人效用函数的最大化，个人的岗位控制权能为拥有者带来实在的利益，并能在一定条件下转化为经济资本，它与物质资本一样具有保值增值的内在动力。

官员的利益主要分成货币化收益和非货币化收益两部分。货币化收益有岗位工资收入和在职消费，非货币化收益主要包括个人声誉、个人成就感、对权力的自由支配程度和政治支持等。

（三）投资商的利益

投资商职能相对单一，利益需求符合"经济人"思维，即通过降低成本及增加项目利润追求利益的最大化。投资商利益包括成本利益和效率利益两方面。成本利益指投资商在拆迁过程中减少拆迁补偿安置费用，从而降低开发成本所获得的利益。投资商的开发成本通常包括土地出让金、土地投资成本、房屋建筑成本和经营管理费用。土地投资成本又包含土地征收费、土地开发费、拆迁补偿安置费。效率利益是投资商在房屋拆迁过程中通过缩短拆迁时间，即减少交易成本所获得的利益。开发商的交易成本和开发投资风险，包括政府的宏观调控、工程项目进度、银行贷款利息变化、市场需求最大化的时期选择、与动迁公众的谈判成本、动迁公众上访带来的行政仲裁和司法诉讼费用。

（四）动迁公众的利益

动迁的社区公众利益指因房屋被拆迁造成既得利益受损，而应获得的相应的补偿安置。动迁居民利益包括生存利益和财产利益。生存利益是指动迁居民因房屋被拆除，生存利益直接受到威胁或影响，需由开发商和政府维持和保护其生活或生存的利益。财产利益指动迁居民将房屋作为财产拥有或经营的利益，包括房屋、房屋收益以及因搬迁所需支付的费用。一般情况下，公众更符合"经济人"特征，希望得到最大化的拆迁补偿、改善现有的住房条件以及获得城市更新项目提供的公共服务设施或就业机会。

由此可见，利益的客观存在决定了不同的利益主体有着各自的利益需求，而且各自利益需求的构成也不尽相同。

四、利益实现的方式

各主体利益的实现方式表现为一个持续的过程，具体包括利益表达机制、利益协调机制和利益保障机制。

（一）利益表达机制

一个常态的制度化的利益聚合与表达机制是主体利益实现的起点。处于相对弱势的群体往往难以找到自身利益的合法代言人，也缺乏有效而畅通的渠道来表达利益需求。城市更新中的社区公众多为分散化的个体，绝大多数公众在自己权益受到侵害时都是以个人或小团体的形式自发地进行利益诉求，如通过上访、向媒体投诉等方式。这种利益表达机制对个体而言成本很高，作用却甚微。这样做既难以引起有关部门的重视，也很难代表受损公众的整体利益。当前，由于没有建立有效的、制度化的利益表达机制和渠道，社区公众在利益受损后只有通过越级上访、写小字报等不正当方式或借助社会舆论和媒体来实现利益诉求。

（二）利益协调机制

城市更新中利益协调机制的主要任务是缓解社区公众与其他利益主体之间的利益冲突。在具体的项目中，社区公众和投资方通过签订合同来确认双方的权利义务，是一种平等的买卖关系。但投资商追求利润最大化，要尽量降低拆迁成本，尽可能减少对社区公众的拆迁补偿，这造成两者间的利益冲突。目前，拆迁补偿费明显偏低，社区公众无法分享土地增值带来的利益。这些冲突的解决都有赖于政府协调机制的进一步安排。

（三）利益保障机制

利益保障机制的核心是依法保障利益主体的合法利益。当利益主体特别是相对被动的社区公众的利益受到侵害时，需要一套合理的补偿保障制度。新中国成立以来的不同的时期内，我国不断进行补偿政策和法律上的调整。从形式上看，城市政府若能够依法行政，严格依法办事，社会公众的利益就能得到有效合法的保障。此外，政府也在细化各地的拆迁政策法规，增加补偿内容或提高补偿价格等。拆迁公众的利益保障包括补偿合法房屋所有权、附属物所有权和收益权。附属物是指房屋所有人或使用人在房屋上增加的依附于房屋具有某种用途的设施。收益权是指依法收取房屋所产生的自然或法定收益的权利，主要可以分为租金、非住宅房屋的生产或经营预期收入、拆迁时产生的费用。除了房屋拆迁带来的一系列经济损失需要保障外，地方政府还应特别考虑贫困公众被迫迁出时的福利下降问题。他们的损失有两种形式：一种是他们已建立的社会联系和交往中断了；另一种是他们不能再选择虽然是低水平但是较为便宜的住所。政府必须注意社区公众中的弱势群体的特殊情况，保障弱势群体的特殊利益，这对缩小贫富差距、缓解社会矛盾、促进城市更新项目的顺利开展具有重要作用。

第二节 城市更新利益机制的偏差与缺陷

我国各地在城市更新过程中出现的一系列社会问题是由利益机制设计形成的偏差与缺陷所致，这种偏差与缺陷造成了地方政府决策的异化和对稀缺资源分配的自利性和随意性，加剧了主体间的利益冲突，从利益分配的结果来看也没有实现城市更新的目的——社会利益的最大化。通过机制设计理论可以很好地解释当前城市更新利益机制的缺陷，机制设计理论如今已成为主流经济学的重要组成部分，为完善我国城市更新利益机制提供了一种新的工具和方法。

赫维茨对"激励相容"做出过这样的定义：如果每个参与者真实报告其私人信息是占优策略，那么这个机制是激励相容的。也就是说每个行为主体在真实报告其私人信息时，会达到最优选择，此时与其余主体行为无关。在现实经济社会中，不同的利益主体参与涉及资源交易的行为时，会故意隐藏私人信息以获得更多利益。激励相容解决的问题是，在信息不对称的情况下，由于不同的利益主体有不同的动机，如何使个人目标和社会目标保持一致。如果满足激励相容，行为主体即使从自身利益最大化出发，其行为也指向机制设计者所想要达到的目标。

一、利益动力的偏差

（一）城市政府的利益动力偏差

城市更新活动，可以理解为城市公众委托地方政府代理进行更新项目的开发。委托人在这种运行机制中的目的是最大化自己的期望效用函数。从利益需求来看，委托人——公众希望更新项目更多地关注弱势群体，实现社会福利的最大化；代理人——政府官员希望通过更新项目掌握更大规模的资源，增加自己的影响力和权力的含金量，这也构成其政治偏好，即在现存的政治安排中谋求个人政治效用最大化。在当前利益机制中，政府官员升迁（政治利益）的考核标准过多依赖当地国内生产总值（GDP）的规模和速度的增长，尤其是上级政府官员的意见。制定城市更新的公共政策时，由于在委托人和自身两个目标函数之间不满足激励相容，地方政府选择自身政治效用最大化的行为脱离委托人的预期。同时由于激励不相容，代理人在信息不对称的情况下存在代理问题，会向委托人隐藏真实的信息，尽可能逃避责任，转移交易成本。

由于利益动力的偏差，政府主导下的城市更新不能提高经济效率，大大减弱了收入再分配的公平性，这种失灵具备以下特点。

①短期性和表面性。地方政府城市更新实施方案的超前消费偏向明显。其中能够促进现在增长而不是未来增长的方案将获得拥护，而那些涉及环境保护、可持续发展等长期投资的项目则会被搁置。有的城市热衷产值高、税收多的大项目，大力发展高污染、高能耗的产业，以损害地区长期发展来换取短期利税；有的城市大量"批发"出让土地，任意修改规划，建设大量政绩工程。至于超过任期年限以上的执政目标，地方政府往往只做一些规划和宣讲，无视未来公民的需要。

②"过度负债"。有些地方政府为筹集城市更新资源，不惜透支政府的财力和物力，超前动用本应由下几届政府掌握和使用的经济资源和社会资源。地方政府的"过度负债"已经习以为常，比如在城市基础设施建设中大肆融资、强制集资、强行摊派和募捐，有的甚至挪用救灾款等专项经费，为下届政府留下沉重的经济债务。此外，地方政府还会把炫耀"政绩工程"带来的土地和资金浪费、政府隐性损失增加、银行风险扩大、房地产价格上涨等成本转移到公众和企业身上，由此形成"信用负债"，对城市更新的制度创新和城市发展政策的有效实施造成诸多阻力。

③盲目性。在不同的历史时期，全国的各大城市几乎都运用相似的规划理念作为城市建设的指导思想。城市之间盲目跟风、盲目攀比，同时将经济开发区、大学城、宽马路、大广场等作为城市名片进行宣传和建设。城市发展没有切实考虑本地区的实际特点和独特优势，仅追求雷同的建设方式和内容，加之对突发事件和历史遗留问题的处理方式不当，往往使得地方性的问题和矛盾升级为全国性的问题和矛盾。同时，在经济发展领域，常常引发某些行业或某些产品的整体性短缺、过热、过剩等现象。

④沉没成本巨大，"奥肯漏桶"效应突出。许多地方的政府在制定公共政策方面缺乏延续性，习惯于在新一届政府上任时否定前任政府的城市规划和努力，并放弃前期已经付出的成本。政府的这些行为浪费了大量资源，造成国民

财富在二次分配中大量蒸发。

⑤狭隘性。首先，地方政府的"行政区行政"造成人才、资金、技术、信息等生产要素流通阻滞而非最优配置。所谓行政区行政，就是基于单位行政区域界限的刚性约束，民族国家或地方政府对社会公共事务的管理是在一种切割、闭合和有界的状态下形成的政府治理形态。作为国家行政序列中的环节之一，地方政府往往在利益趋向上向地方经济倾斜，过分关注辖区内经济规模的快速扩张；利用信息优势，对自身绩效进行选择性显示，"变通细化"中央宏观决策，损害全社会的整体福利，在城市资源整合、污染治理、项目投资等方面表现得格外突出。其次，由于不同的政府部门行使的公共职能和掌握的公共资源有所差异，国家从制度上认可了部门间不均衡的利益分配。这样，政府的行为导向了部门利益，如实权部门起草法律法规，自身既是法律法规的起草者，又是政策的执行者和内容的解释者，出现"公共权力部门化，部门利益法制化"的不正常现象。

（二）投资商利益动力的偏差

城市更新项目从某些方面又可以理解为地方政府委托投资商作为代理人进行拆建。从利益需求角度来看，地方政府希望通过城市更新来振兴衰落地区经济、增加就业岗位、改善城市面貌；投资商则追求经济利益最大化。双方追求各自利益的基础是交换互补的社会资源：一个是组织资源，一个是经济资源。但地方政府和投资商在非合作博弈下仅存在理论上的纳什均衡状态，即在这个状态里，如果其他参与者不改变策略，任何一个参与者也都不会改变自己的策略。在这种情况下，公平和效率难以兼得，利益双方难以在默认合同成立的条件下获取最大利益，而只能接受一个双方较为满意的利益分配结果。当前，一方面，政府在土地供给市场处于垄断地位，提高了开发商的土地使用成本；但另一方面，地方政府受限于财政资金，城市更新项目更多地需要开发商的资本投入。在上述地方政府和投资商既合作又争利的背景下，地方政府为了激励开发商进行城市更新，在政策制定以及行为方式上会有所倾斜，这种带有倾向性的政策及政府行为必然会使地方政府让渡部分城市的整体利益，比如通过降低土地收益换取未来税收收益及地方发展的利益诉求。因此，没有实现目标和利益激励相容。结果是，投资商在行为的选择上面临道德风险，其逐利行为产生负面效应，即经济人的行为对外界具有一定的侵害性或损伤，引起他人效用降低或成本增加。投资商在市场利益的驱动下，一方面尽可能改变人口密度、容积率、拆迁比，降低建筑工程质量成本；同时，削减公共绿地、休闲场所、公共设施的面积和数量以增加商业用地的市场价值。这些为实现自身利益最大化而忽视城市整体发展的行为严重影响了市民公共生活的质量。另一方面，投资商"挑肥拣瘦"，抵制投资理应更新的城市衰败地区，转而选择区位条件好、升值空间大的地块进行开发。这必然会大幅抬高新商业用房的价格，逐步导致城市人口分化和城市空间的社会分层，即导致具有相似收入、身份以及社会地位的人生活在一起。分析国外城市更新经验可知，收入不公带来的社会阶层分化和人口同质性是造成诸多城市问题的根源。

二、机制的约束因素

城市更新利益机制中的约束因素对控制代理人预期行为符合委托人的目标有着重要作用，可以分为参与约束和过程约束。

（一）参与约束

参与约束指任何参与主体的福利水平不因参与这个机制而降低。这是保障代理人积极参与到机制中的先决条件。因为代理人有参与和不参与的选择自由。为了保证代理人的参与，委托人设计机制时必须考虑到代理人接受合同获得的收益必须大于不接受合同的收益，反之亦然。由于信息不对称，地方政府在遴选开发商时，很难科学地制定出工程项目招标中的指标体系和评标细则，降低那些不合格开发商中标后的预期收益额从而使其主动放弃项目，剔除不良开发商。另外，在新开发项目上马时和项目建设过程中，为了确保城市的基础设施的有效供给和公众利益的实现，如足够容量的道路、供水、排水、暖气管道等以及确保补偿安置，政府普遍的做法是要求投资商提供方案，作为取得开工许可证的参与约束。

（二）过程约束

过程约束指参与主体的福利水平会因为行为偏离机制所设定的预期行为而降低。这是控制代理人行为的必要条件。由于客观决策环境和行为动机的复杂性，有限理性的代理人即使激励相容，其行为仍然可能失控。目前，对政府官员决策失误造成损失的责任追究制度尚未建立，政府官员在制定城市更新项目的决策时不必承担资源配置失当的风险和责任。由于预期损失很小，因此会加剧政府官员的非理性、违规行为。行为经济学家丹尼尔·卡尼曼提出亏损规避现象，即收益和损失的价值函数并不是对称的。人们对损失的感觉往往比得到收益的感觉强烈，拥有某物品的人放弃该物品时要求得到的补偿通常高于他们没有该物品时对该物品的支付意愿。这一心理特征很好地解释了激励相容下主体行为的预期利益如果等同于或者略高于过程约束下主体行为的预期损失，那么行为主体仍然会偏离既定目标。

由于欠缺对投资商的过程约束，地方政府无法与投资商形成一种持续的信任合作的模式。在美国学者爱克斯德的一次性博弈实验中，设定两个行为者可以在一次交易中合作，也可以相互欺诈。设定的回报状况是他们能从欺诈中获益，但付出的代价是将来再不可能从合作中获益。如果这种交易只进行一次，各行为者就会采取欺诈行为，因为他们以后不会受到任何损失。但如果他们知道这种交易将反复进行时，那么他们就会放弃短期机会行为，不再试图以欺诈蒙混过关，转而采取一种合作的方式，以获取远期回报。只有通过对投资商进行严格的约束，降低出现失当行为的投资商在下一轮项目中的起始位置，或者取消出现严重失当行为的投资商下一轮参与的资格，才能引导投资商尽可能不偏离城市更新的目标。当前，虽然政府通过细化各地的拆迁政策法规，增加补偿内容或提高补偿价格等措施力图保护社区公众利益，但由于政策出台存在滞后性及房地产产品的非标准性和特质性，投资商的非理性行为无法被有效控制，主要体现在：第一，补偿办法和补偿范围不合理。在投资商和社区公众订立拆迁补偿安置协议时，按照现行法规，房屋的定价以及补偿额度应该由双方通过平等谈判来协调解决。但实际操作过程中，开发商出资聘请估价机构，对被拆迁房屋给予估价和所谓的等值赔偿。而旧房的评估价值通常不包含土地出让金、装修设施及材料的价值和其他一些隐形损失等。并且，单纯的货币支付无法体现房屋的时间价值和土地的价值，造成社区公众获得补偿款后无法回迁或者买不起同样面积的新房。第二，在外部不经济的情况下，投资商损害城市公众和社会利益，却不必付出相应的成本。比如投资商一味建高建大来增加土地使用的潜在收益，导致城市的整体形象受损、交通拥堵或城市生态环境恶化等不良后果。这些问题的解决都需要地方政府在利益机制的设计中制定对策去约束投资商盲目追求利润的行为，保障社区公众和投资商绝对平等的合同关系。

三、信息结构与成本

最优机制的设计和运行取决于信息结构，即信息在代理人中的分布情况，以及信息如何能被有效地传递。因此，信息传递的快捷、透明、成本低是构成有效利益机制的重要因素。在信息分散化的条件下，委托人与代理人沟通可能需要支付高额的信息成本，表现为：第一，代理人交易的频繁，包括货币化的和非货币化的交易，显性的和隐性的交易。而委托人由于实际权利已授权而无法控制代理人的交易行为，委托人要对代理人进行有效的监督，从而产生监督成本。第二，在信息传递过程中，由于信息的专业化导致缺乏专业知识的主体理解处理这些信息时难免会出现偏差。在信息不对称的条件下，代理人一方如果靠隐匿信息或行为得到的收益大于说实话得到的收益，那么道德风险或者逆向选择便不可避免，从而产生机会主义行为，并且代理人会持续保持这种信息优势。

在公众和政府的委托代理关系下，分散个人的偏好是不能事先观察和预测的，无法将个人偏好次序总合成社会偏好次序，无法计算出社会福利函数最大化的存在。因此，地方政府在掌握不完全信息的情况下，很难准确地将更新项目带来的公共福利给予那些真正需要的公众。

在地方政府和投资商的委托代理关系下，地方政府的信息严重不足。首先，在政府中不存在指导资源配置的价格，无法充分传递市场信息，难以清晰了解承包商的成本－需求结构。其次，地方政府审计工作所获取的信息非常有限。更重要的是，作为代理人的承包商会凭借信息优势隐匿自身行为获取更多利益，这也意味着地方行政成本的上升。

第三节　城市更新利益的管理因素

一、城市更新现行管理体制中的利益主体缺失

城市更新管理中代表全局利益和长远利益的利益主体的体制性缺失，是城市更新乱象环生的根源之一。城市更新中涉及的利益可以划分为全局利益（即外溢性的超出城市行政区域之外的更大利益，如大气环境和能源）、局部利益（城市范围内的利益）和本位利益（城市中各社会群体利益）；从时段上还可以划分为长远利益即时间上超出本届政府任期乃至更长远的利益（如土地资源、文物古迹、后城市化等问题）、短期利益（一届政府任期内利益）和眼前利益（城市各社会群体在城市更新中即时得到的利益）。本位利益和眼前利益的利益代表主体是城市中的各利益群体、个人或部门；局部利益或短期利益的利益主体是当任的一届城市政府，即一届城市政府履行其职责，维护城市利益和至少是本届政府的短期利益；而全局利益和长远利益的利益主体必然是超越城市局部利益和当前利益的国家。

本应是国家层面来代表或维护的全局利益和长远利益，在现实体制下却由任期几年一届的城市政府来代表。这实际上是一届政府既代表本市的局部利益和本届政府的短期利益，又顶替国家层面而代表超出本市本届政府的全局利益和长远利益。城市政府的"行政区行政"、基于单位行政区域界限的刚性约束、城市政府对社会公共事务的管理是在一种切割、闭合和有界的状态下形成的政府治理形态。作为国家行政序列中的一个环节，地方政府在利益上必然向地方倾斜，过分关注辖区经济规模的短期快速扩张；利用信息优势，对自身绩效进行选择性显示，造成人才、资金、技术、信息等生产要素流通阻滞而非最优配置。这在城市资源整合、污染治理、项目投资等方面表现得格外突出。拆什么、建什么、保留什么，实质上是由一届城市政府根据其局部利益和短期利益来决定的，超出本市之外的全局利益和本届任期之外的长远利益则必须服从局部利益和短期利益。一些地方政府的"短期行为"，追求短期效应，在事关全局利益和长远利益的能源节约利用和环境保护方面则表现为消极应付的非理性追求。

二、城市更新研究滞后，评价城市更新的社会共识标准缺乏

目前国内在城市更新方面的研究主要表现为三个方面：一是国内学者对城市更新的研究主要是从纯城市规划和建筑学的角度出发，关注的多是城市更新的自然形态和物质技术方面，研究者也多是城市规划和建筑学方面的著名建筑专家、规划设计人员和技术专家。在城市更新的布局规划、物资形态和技术方面的研究的确取得了巨大进步。二是从公共管理角度，将城市更新作为公共管理的重大现实问题、作为城市管理的重大理论问题和实践来研究尚处于早期起步阶段，即广泛地揭露、描述和批评城市更新中的问题与矛盾，诸如大拆大建、破坏城市文化、抹杀城市特色、伤害弱势群体、政府短期行为、政绩工程等。至于城市更新的主体，城市更新市场的建立、形成与规范，城市更新的体制和运行机制，城市更新中的利益分配公平尤其是弱势群体的利益保障机制，城市更新中的资源利用效率以及过度拆迁的有效约束机制等重大问题的研究尚没有取得根本性突破，与此相联系的城市更新的重大实践问题尚处于乱象丛生的无序状态。在全国很多的城市规划设计单位，三分之二的工作量是从事与城市规划调整相关的工作。三是公共管理实践和社会公众对城市更新的评价尚没有形成科学标准和基本共识。理论研究和管理理念的滞后，致使整个社会尚缺乏城市更新评价的科学共识标准。在现有的决策体制下，没有明确的社会公认的科学评价标准，城市更新在很大程度上必然取决于主要决策者的主观意愿；城市

更新的优劣和效率，主要依赖于决策者个人素质的高低。现实中，城市更新的规模、时序、侧重点等往往受到城市高层管理者自己的认识程度、行事作风和工作喜好的影响，有的喜欢大规模推倒重建，有的喜欢保持城市传统特色，有的喜欢西方风格，有的喜欢中国古典风格。这种管理者偏好可以在很大程度上直接诠释这几年许多城市中城市更新侧重点的不同。

三、政绩成本的隐性化和政绩外部性

行政成本隐性化和行政效应的外部性被忽视是城市更新中政府行为偏差的导向性诱因。任何一届城市政府追求政绩时都会取得成绩并为此付出相应的成本，这种政绩成本有个不容忽视的隐性特点，它是政府为取得政绩所付出的但没有直接显现出的成本。地方政府在取得政绩的过程中所付出的成本是陆续支出的而且是难以统计的，从分类来看，政绩成本既有经济成本，又有政治、社会、文化成本；从时段来看，政绩成本既有现在付出的，也有透支下届地方政府的；从范围来看，既有本辖区付出的，也有辖区以外社会被迫承担的（如大气污染、社会信用环境恶化等）。社会公众和上级政府所能直接看到的仅仅是显性的政绩成本，是被大大缩小了的政绩成本。地方政府为追求政绩而付出的超出本届政府任期的后续成本和超出本届政府辖区的外部成本，是无须本届政府来承担的。这就促使有些地方政府乐于城市更新"政绩工程"，而且搞起政绩工程来不计成本，不计经济效益和长远后果，造成公共支出成本巨大而效益低下，特别是社会效益低下。

城市政府行政中非本意的"政绩外溢"存在。一届地方政府，如果在行政过程中创造出政绩，很难把政绩效应局限于本辖区和本届任期内，必然会出现政绩外溢现象，惠及或漫延出本辖区和本届任期，形成政绩的"外部性"。这种给下届政府或本辖区以外带来益处的政绩外部性，并不是城市当政者所追求的。作为"理性经济人"的地方政府，所追求的是政绩的全部收益，尽可能地实现外溢政绩的"内部化"和政绩收益的最大化。因此，在范围和层次上看，一届政府只会注重考虑其辖区内的政绩及其收益；从时段上，一届政府只会注重考虑一时政绩及其收益，超出这一时期的政绩和收益，他们很少考虑或追求。作为扮演"公共性"角色的地方政府，这种短期行为和狭隘政绩观念尽管与其所应当追求的公共理性背道而驰，但实属难免。短期行为和种种地方保护主义行为就是例证。

第三章　城市更新中的城市公共品

　　城市公共品是城市的基础性要素之一，或者说是城市区别于农村的最显著特征。城市的公共生活的基本运行以及城市居民的日常活动都与城市公共品密切相关。随着社会化的加深和城市的发展，公共品在城市中的作用和影响日益加强，城市公共品已经成为一个城市最重要的构成要素之一。事实上，在某种意义上讲，城市本身就是一个庞大的公共品集合体或者说是由公共品有机构成的庞大体系。城市道路、排水供水系统、照明、供气、供暖、供电、交通系统、各种指示标识、公园、绿地草坪等城市公共品构成了一个城市的骨骼框架。因此，城市更新的大部分内容就是对城市公共品的生产、重置和分配的过程。城市公共品在城市更新过程中是必须首先考虑的重要因素，而城市公共品的配置也是城市更新的重要内容之一。城市公共品在区域上、功能上、内容上以及属性上的合理配置，是衡量城市更新是否科学的关键标志之一。

　　城市公共品与城市更新密切相关，在研究城市更新问题时必须要对城市公共品进行深入探讨，明确两者的关系。首先，城市更新导致城市公共品的重新分配。城市更新是一个重新塑造城市空间、重新配置物质基础设施、重新分配城市利益以及重新整合城市文化的过程，其中很重要的一方面就是对公共品的重新优化配置。而公共品作为城市的重要资源，其本身的重新配置以及由此而带来的一系列影响，会导致城市中各阶层、各群体和各区域之间利益的重新调整和重新分配。从一定意义讲，城市公共品的优化配置过程就是城市更新的过程，在城市更新中要重点关注公共品的配置。其次，城市公共品是城市更新的物质基础，城市公共品配置又是城市更新的重要内容。城市公共品分配的科学性和正义性关系到整个城市更新过程的合理性。城市公共品配置的失衡将会导致人们在享有和使用公共品方面的不公平，会对某些区域和某些阶层市民的利益造成损害。一旦这种利益的损害达到了一定程度，就会阻碍城市更新的顺利进行，将城市更新导向错误的方向，造成城市空间扭曲和社会关系的不公平，从而引发各种社会矛盾、冲突和问题。可以看到，在当前社会中，随着城市更新的进行，由于公共品配置不当，导致了城市诸多棘手的问题，如贫富悬殊、交通拥堵、拆迁冲突、城市趋同化严重、城市房价过高等。在城市更新过程中，满足城市低收入阶层对最基本公共品的需求是城市更新顺利进行的底线。

第一节 城市公共品的概念及分类

现代城市本身就是一个庞大的公共品体系，各个方面的公共品交织在一起，构成了城市的骨干、框架和躯体。没有公共品，就没有现代城市。

一、城市公共品

（一）公共品

对于"公共品"这一概念的关注和争论，自从公共生活产生起就一直存在。很多学者都曾对公共品的概念、特征或思想进行过正式或非正式的论述。从时间和研究程度来看，对公共品概念的研究大体可分为三个阶段。

公共品思想的萌芽阶段：以古希腊为例，古希腊哲学家和政治学家以城邦的公共生活作为研究对象，认为城邦公共事物是属于多数人的事物，并讨论了公共事物的特点。可以看到，在这一时期就已经有了对公共品的关注。

公共品思想的发展阶段：以英国早期经济学家的研究为代表。他们最早以经济学的视角对公共品进行研究。大卫·休谟在其著作《人性论》中讨论了公共草地排水问题和"搭便车"行为，而公共草地排水就是典型的公共品，只有政府才能有效提供。亚当·斯密在《国富论》中也认为经济和社会的正常运行需要政府提供必要的支持，政府需要提供国防治安和大型公共项目。休谟和斯密虽然没有明确提出"公共品"的概念，也没有将公共品的讨论作为其主要的论述内容，但是，他们从经济学角度对公共事物的思考进一步深化了对公共品思想的理解。

以美国经济学家正式提出"公共品"为标志，公共品概念进入了正式提出和认识的逐步统一阶段。美国经济学家保罗·萨缪尔森发表了著名的论文《公共支出纯理论》，并首次提出了"公共品"的正式定义，即"每个人对这种产品的消费都不会导致其他人对该产品消费的减少"。后来经过马斯格雷夫、布坎南等众多学者的补充和发展，最终形成了现阶段比较流行的关于公共品概念和分类的理论。

当前对公共品概念的界定多以经济学为视角，强调公共品的两个经济学特征，即非排他性和非竞争性。不同学者对公共品定义都以这两个属性为基础，其差别之处在于对这两种属性重要程度的不同解读。因此，从经济学角度来看，公共品可被界定为具有非排他性和非竞争性的物品。其中非排他性是指不能排除任何人使用该公共品，而非竞争性是指增加一个人使用该公共品不会影响其他人对它的使用。而根据其非排他性和非竞争性程度的不同，公共品又可分为纯公共品和准公共品。

然而仅从经济学的角度是无法把握公共品的本质的。公共品作为一个产生和使用于经济、政治、管理多个学科领域的概念，在对其进行概述时必须要从更广的角度考虑。很长一段时间，许多学者都是从供给主体方面来界定公共品的概念，公共品被认为是由政府等公共部门提供的物品。然而他们却忽视了公共品的公共性不是由供给主体决定的，而是由需求和消费主体的公共性决定的。许多公共品的生产和提供并不一定要由政府包揽，市场机制的引入可能会发挥更有效的作用。而一个物品之所以能够称之为公共品是由于它可以满足公共需求，实现公共享用，保障公共利益。只要满足了这一条件，即使供给主体发生变化也不会改变其作为公共品的本质。

公共品概念及其相关理论产生于政治学，发展于经济学，广泛使用于管理学，特别是公共管理领域。对公共品的界定要从政治、管理和经济多个角度来进行。因此，公共品是与私人产品相对的社会产品和服务，一般具有消费的非排他性和非竞争性，其根本目的是满足公共利益和公共需求，保障社会民众正常的经济、政治、文化和社会活动。重新强调公共品的公共性或本质属性，是由于在城市更新中，公共品的满足公共需求这一本质特征常常被忽视，而政府主导被着重强调，从而经常导致公共利益，尤其是弱势群体的利益受到损害或者导致公共品配置和城市更新的低效率。只有清楚界定了公共品的本质概念，才能保证在城市更新中公共品配置的科学和正义，保证城市更新的合理性，保证我们科学分析的基础和方向。

（二）城市公共品及其特征

城市公共品是公共品的一种，是限于城市范畴内的公共品。公共品从区域范围来看，可以分为全国性公共品、地方性公共品，而地方性公共品可分为城市公共品和农村公共品。城市是一个现代国家最重要的构成要素之一，所以城市公共品在公共品中也占有很大比例，是整个国家公共品的核心部分。城市公共品是针对整个城市范围内的市民而提供的公共品，是为保障城市的经济和社会生活的顺利开展而产生的公共品，有别于全国性公共品和农村公共品。首先，城市公共品与全国性公共品不同。两者关注的重点不同，全国性公共品是以国家所有成员共同的、整体的基本需求为着眼点，其目的是保障公民的基本权利和实现全国范围内的公共利益。而城市公共品关注的是城市内部居民的公共利益和公共需求，既包括对城市居民基本权利的保障和补充，还包括为城市居民提供多元化的公共品，实现城市的多元化的公共需求。其次，城市公共品与农村公共品不同。城市与农村的经济生产方式、社会生活方式甚至文化理念环境都有较大差别。例如，在产业类型方面，农村主要以第一产业为主，而城市则主要以第二产业和第三产业为主。从整体上看，城市的特点之一是各种经济和社会发展要素高度集中，农村的特点则是高度分散。以农业为主的农村和以现代服务业为主的城市，对公共品需求的类型不同、功能不同、内容不同、数量不同，城市公共品与农村共品必然会有很大区别。由此可见，城市公共品是城市范围内的公共品，其目的是满足城市内居民的公共利益和需求，保障城市经济和社会生活的正常运行，保证城市的存在和正常发展。

城市公共品作为公共品的一个重要范畴，具有一般公共品的特性，即公共性、非排他性以及非竞争性。而城市公共品作为一种特殊的公共品，又有着其自身的其他特征以区别于其他类型的公共品。城市公共品具有区域性，是在一定城市区域内提供的公共品，也只在该区域发挥作用，其他城市的居民由于地理等原因不能或不便于使用该城市的公共品。即使在一个城市内部也需要考虑公共品的区域分配的合理性。城市公共品具有集中性，城市的经济主要以工业和服务业为主，相对于农村来说，城市的社会化和专业化程度较高，这种经济和社会结构需要大量的公共品作为支持，尤其是城市基础设施的建设。城市公共品是城市很重要的构成部分，城市里集中了大量的公共品。城市公共品具有多元性，城市公共品不仅包括市民的基本需求和基本权利的保障，还包括市民多元化的公共需求，涉及市民生活的方方面面。

随着社会化的进一步发展，城市公共品在城市中所占的比重不断上升，城市公共品的覆盖领域不断扩大，城市公共品的内容和类型不断增加，城市公共品对城市生活和发展的影响力不断增强。从一定程度上讲，城市更新大部分是城市公共品的更新，是对城市公共品的生产、重置和分配的过程。因此，在城市更新过程中必须要注意城市公共品的特征，既要保证其公共性的一般特征，又要考虑其区域性和多元化的特点，保证城市公共品的配置和城市更新的公平和科学。

二、城市公共品的分类

城市公共品的更新与配置是城市更新的重要内容，是城市更新中需要特别重视的一方面。城市更新出现的很多问题都与城市公共品的配置不当有关。而配置不当的一个很重要的表现就是政府偏重于某些类型的公共品的供给，而忽视其他类型的公共品的供给，导致公共品供给失衡。因而有必要对城市公共品做一个科学合理的分类，为城市更新分析和公共品配置的合理性分析提供一定的依据。

（一）一般公共品的分类

对城市公共品的分类基于一般公共品和传统市政管理客体的分类。首先需要探讨一般公共品的分类。

根据是否具有非排他性和非竞争性可将公共品分为纯公共品和准公共品。其中纯公共品是指同时具有非排他性和非竞争性的公共品，即任何人都可以使用且使用时不会产生"拥挤"的公共品，一个人使用该公共品不会阻碍和减少其他人的使用，如国防治安、法律政策、环境保护等。对于此类公共品，由于其外部性效应很强，通常被认为只能由政府等公共部门提供。然而经过很多学者研究，社会中纯公共品较为稀少，绝大部分的公共品都属于准公共品，或称为混合公共品。准公共品是指介于纯公共品与私人物品之间的公共品，包括"俱乐部产品"和"公共池塘产品"。"俱乐部产品"是指具有排他性和非竞争性的公共品，包括自来水、电、煤气、暖气、有线电视等。这些产品由于资源丰富不会产生消费的竞争和拥挤，但是其排他性特征比较明显，可以通过收费来选择消费者并弥补其成本。"公共池塘产品"是指具有竞争性和非排他性的公共品，例如公共道路和公园，尤其是上班高峰期时的城市道路和假期时的公园。这些公共品由于具有非排他性，所以无法把任何消费者排除在外，无法通过价格机制调节消费。而竞争性说明了其资源的有限性，等消费者达到一定程度便会产生拥挤，形成消费的竞争。如城市道路无法排除任何市民使用的权利，而在上班高峰期，由于道路的有限性，可能就会产生拥堵。总体来看，城市公共品大部分属于准公共品。城市更新所涉及的大部分都是对准公共品的配置和更新，因此，在城市更新中，需要更多地考虑不同类型的准公共品的不同特性，制定不同的治理策略。

从公共品的形态来看，可分为实物性公共品和非实物性公共品。实物性公共品又称有形公共品，顾名思义，就是指具有实物形态的公共品，如排水、照明、公共场所、公共道路以及其他公共设施等。非实物性公共品又称无形公共品，指不具有实物形态的公共品，包括制度、政策、法律、文化、国防治安服务及公共管理等。严格来看，很少有公共品只具有一种形态，更多的公共品兼具两种形态。例如社会保障这一公共品，社会保障补助多是以资金和实物的形式提供的，而社会保障的相关政策和法律则属于无形公共品。在城市更新中，更多的时候是对实物性公共品的重新配置，而忽视了对非实物性公共品的更新和发展，尤其是对制度、文化、邻里关系、传统民俗等非实物性公共品的维护、改革、发展和创新不足。对此应给予非实物性公共品更多的关注，保证公共品的全面供给。

从公共品的服务领域来看，可分为经济领域的公共品、社会领域的公共品以及政治领域的公共品。经济领域的公共品服务于城市经济的发展，包括经济政策法律、经济调控和管理以及保障经济秩序和经济活动顺利进行的相关措施和公共设施等，如政府的宏观调控政策、经济补贴和行政处罚等。社会领域的公共品是指能够满足社会成员的公共需求，保障社会成员的正常社会生活或提高其生活质量的公共品，如社会保障类公共品、城市基础设施等。政治领域的公共品是指能够保障公民政治权利和政治参与的公共品，主要包括民主政治制度、政治文化、公民参政议政渠道等。在传统的城市改造中，在经济导向的时期，经济领域的公共品会受到特别的关注。但仅仅关注经济领域公共品的更新和发展，就会导致社会、文化和政治领域的公共品发展不足。经济发展固然重要，但如果公民的社会和政治的基本权利无法保障，就会反过来影响经济的发展。因此，在现阶段，需要特别注意三种类型公共品的协调发展，尤其是重点发展社会和政治的基本公共品，切实保障民生，使普通市民能够分享城市更新和城市发展的成果。

此外，从需求来看，公共品包括基本性公共品和多元化公共品。基本性公共品是社会民众生活所必不可少的、面向全体民众的公共品；多元化公共品是不同社会阶层和不同社会群体所需求的公共品。可见，从不同的角度可以对公共品进行不同的划分。而进行不同视角的划分是为了从不同的方面来考虑公共品的合理配置，从而确保城市更新的科学性和公平性。

（二）市政管理客体的分类

城市公共品是城市最重要的构成要素之一。随着社会化程度的提高，城市公共品在城市建设和服务中的作用也越来越重要。从一定程度讲，市政管理客体的主要范围也就是包括城市公共事务的城市公共品。因此，在讨论城市公共品分类时有必要考虑市政管理客体的分类。

根据一般的分类，市政管理客体可分为城市基础设施管理、城市经济管理、城市社会管理。城市基础设施是一个城市存在和发展的物质基础，是城市的基本骨骼框架，具有十分重要的意义。其目的是保障城市的正常运行和发展，为市民的经济和社会生活提供物质保障。例如供水、供电、供热、供气、公共交通、排水、污水处理、路灯、道路与桥梁、隧道、场站、市容环境卫生、垃圾处理、园林绿化、救灾防灾、紧急避险等事关城市居民日常生活的物质设施。城市经济管理是包括对城市内市场经济的管理和公共经济的管理，通过相关法律、各种经济政策和经济调节手段对城市经济事务进行管理，保证城市经济的稳定发展。城市社会管理是指对市民基本社会权利的保障和对市民日常社会生活的管理。城市社会管理主要包括城市社会秩序和安全、城市社会保障、城市公共事业等。如果从广泛意义上讲，城市管理的客体还应包括城市规划、城市发展、城市制度环境等方面。

城市公共品是城市管理客体的核心部分，广义上的城市公共品与城市管理客体基本重合。但是两者侧重的角度不同，城市管理客体强调对客体的管理，而城市公共品更强调对目标群体的服务，强调满足市民的需求这一本质特征。城市更新的目的是促进城市的发展，而其终极目的应该是提高市民的生活水平和质量，使市民生活得更加幸福。

（三）城市公共品的其他分类方式

根据对公共品的各种分类以及对传统市政管理客体的分类，城市公共品也可以从不同角度分为不同类型。考察当前城市更新过程中出现的问题，最为突出的主要有区域之间发展的不公平、发展经济与发展民生之间的失衡、追求形象工程的误区以及城市文化和制度发展的滞后。因此，为了给城市更新提供一个更为合理的导向和依据，在对公共品和市政管理客体进行分类的基础上，结合现实问题，还可以从以下几个角度对城市公共品分类进一步延伸。

首先，从目的上来看，可将城市公共品划分为经济类公共品和非经济类公共品。经济类公共品主要是包括促进城市经济发展的法规政策、调控工具以及相关设施和服务，其目的是保障和加快经济的发展。而非经济公共品主要包括公共事业、社会保障、政治参与等相关政策法规、公共设施和公共服务，其目的是保障城市的正常运行、市民的基本权利和日常生活。

其次，根据公共品的表现形式，以及我国城市更新畸形发展和城市政府部门追求政绩的去向，可将城市公共品分为显性公共品和隐性公共品。显性公共品是指可以很明显地观察到的公共品，如城市的道路、绿化、大型建筑工程、公共场所以及其他一些地面上的公共设施。隐性公共品是指隐于社会的不易观察到的公共品，如地下排水管网、扶贫、救助弱势群体、农村义务教育等。

最后，根据公共品的形态，可将城市公共品划分为有形公共品和无形公共品。有形公共品包括城市基础设施、公共场所等；无形公共品则包括政策、法律、制度以及城市文化。

第二节　城市公共品的配置

城市更新的核心内容就是城市公共品的配置，需要在城市更新过程中引起高度重视。城市公共品的配置包括公共品的规划、生产、供给、拆除、重置等过程，通过这一过程，可以实现公共品在城市不同区域、不同群体、不同阶层之间的分配。正如城市更新一样，城市公共品的配置也涉及配置的主体、客体以及动力机制等要素。现阶段，城市更新中出现了很多问题，这些问题大多数都与公共品配置的相关要素有关，如配置主体的单一化、模糊化，配置客体选择的不平衡、不公平，城市公共品治理方式的随意性等。

一、城市公共品的配置主体

城市公共品的配置主体一直以来都是学者讨论的热点问题。从整个社会角度来看，社会治理的主体主要包括三种：第一，国家政府组织，也叫公共权力领域，通常叫社会"第一部门"，属于政治领域；第二，市场或营利组织，也叫私人领域，通常叫"第二部门"，属于经济领域；第三，社会组织，是前两者之外的"第三域"，也叫公共领域，通常叫作"第三部门"，属于狭义的社会领域。一般认为，由于公共品的非排他性和外部性，"搭便车"现象不可避免，因此，公共品由政府部门提供最为有效。然而，事实证明，仅由政府单独提供公共品并不一定能够有效，甚至会产生"政府失灵"现象。而且在社会多元化不断加深的今天，公共品的配置主体也呈多元化发展趋势，甚至具有较多资源的个人也成为重要的配置主体之一。城市公共品的配置不能单靠政府的力量，需要社会各治理主体相互合作才能更有效。每一个配置主体都有其各自的优点和缺点，在城市公共品配置中都应发挥其优势作用。

（一）政府部门

政府部门，即"第一部门"，长期以来被认为是配置公共品最有效的主体。

这种观念的产生与自由市场的"失灵"有关。理论和实践一再证明,现实中的市场是有缺陷的,不可能达到完全自由竞争的理想状态。信息不对称、外部性效应等原因导致市场运行出现盲目性、滞后性以及公共品供给的无效率性。此外,自由市场也缺乏对社会公正的关注。由此可以看出,市场中的私人组织不会自愿投资生产公共品,在公共品配置方面,市场部门无能为力,从而造成"市场失灵"。而这正为政府干预提供了理由,政府部门被认为是对市场部门的有力补充,可以很有效地供给公共品。政府部门通过公共收入,如税收、缴费等收入,来筹集资金投入公共品的配置,从而避免出现公共品配置投资需求不足的困境。

然而,随着福利国家困境的出现,凯恩斯主义的国家干预理论受到质疑。政府配置公共品的合法性也引起了众多学者的讨论。总体来看,大体可以分为三种观点。第一种观点认为市场完全可以解决公共品的供给问题,而政府的职能应当只限定于提供一个良好的法律、治安环境以保证经济和社会生活的正常运行。除此之外,政府部门不应该直接干预市场经济事务。政府对经济的干预不仅不会促进经济的发展,反而正是对市场本身的原则和秩序的最大破坏。第二种观点恰好相反,这种观点继续支持国家干预的正当性,坚持认为市场是有缺陷的,政府对市场的干预是必要的。之所以会产生福利国家的困境和经济问题并不是由于"政府干预"这种做法本身是错误的,而是政府干预的内容、方式和程度没有把握好。政府依然是经济发展最重要的主导者和促进者。第三种观点则介于两者之间,认为公共品的配置需要政府也需要市场,是两者共同合作的过程。市场部门由于缺乏利润的吸引,对公共品的供给动力不足;而政府由于体制原因,所以生产公共品的效率不高。而两者的结合和合作正好可以弥补各自的不足,发挥各自的优势,更有效地进行公共品的配置。现阶段,多数国家都趋向于"有限政府",普遍认为政府部门是公共品配置、城市更新、社会治理甚至经济发展中不可或缺的主体。

(二)市场部门

市场部门,即营利组织和私人领域,是社会经济的重要主体。在城市公共品配置方面,市场部门的主体作用一直是争论的焦点。主要来看可以分为两大派别,即自由主义和干预主义。自从亚当·斯密以来,自由主义一直是经济发展的指导理论。许多自由主义经济学家都认为,公共品完全可以由市场来提供,政府的作用应当是"守夜人",不应当干预经济活动。因此,他们主张自由放任的经济政策,坚持认为公共品的配置在自由竞争的市场机制下也可以有效地提供。然而现实中的经济危机，尤其是 1929—1933 年的世界性经济大危机证明了自由放任的市场经济是不能长久的，根本不存在理论上那种理想的完全自由竞争的市场，市场都是有缺陷的。此时，主张国家干预的凯恩斯主义应运而生，并带来了二战后西方世界的大繁荣。各国都先后实行了福利政策，政府垄断了公共品的供给，用公共支出来刺激经济的发展。可是危机并没有从此消失，"滞涨"导致了经济的困境，阻碍了福利政策的实行，也宣告了凯恩斯政府干预主义的失利。新自由主义趁势而起，并进一步批判了干预主义的缺点。但无论现在的争论如何，各学派、各学者甚至各国家在大的方面都有普遍趋同的现象。大家都不再赞同和支持单一的主体，而是承认社会的发展需要政府和市场两者的结合。

在城市公共品的配置方面，市场部门有其自身的优势，如生产效率高，可以压缩公共品供给的成本以及通过市场机制反映市民对公共品的需求偏好等。因此，市场可以有效弥补政府部门的很多不足，为公共品的配置提供活力和依据，提高城市更新的效率。

（三）第三部门

第三部门，简单讲是指除了政府部门和市场部门之外的领域，主要包括事业单位、慈善组织等正式的非营利组织以及其他非正式的各种俱乐部和组织团体。其特点是非营利性、志愿性以及自治性。第三部门作为一种社会现实很早就存在，如很早就有宗教组织和慈善机构。然而第三部门作为一个概念，其产生的时间不长。而第三部门在现代广受关注是有着重要原因的。随着社会的发展，社会需求不断多元化，社会问题不断复杂化，而政府在应对这一现实情况时有些力不从心。在公共品的配置上，政府与市场，尤其是政府，仅仅能够照顾到大多数市民的最基本的公共品供给。第三部门恰好能够弥补缺口，满足市民的多元化需求。很多的组织团体和非政府组织都是针对不同市民群体的不同需求和特点而成立的，甚至有些团体和俱乐部就是市民自发组成的，通过自治来满足自己的需求。此外，第三部门还能充分挖掘和调动城市的人力资源和物力资源，有力地推动城市公共品的配置和城市更新。

另外，社会的发展也使市民个人的能力和资源有了很大增加，个人的公共意识和精神有了很大提升，个人对城市公共品配置的影响力也越来越大。很多个人通过投资捐助或公共服务来提供公共品。因此，个人也逐渐成为不可忽视的城市公共品配置主体。

二、城市公共品的配置机制

城市公共品的配置机制是指推动城市公共品产生、更新和重置的各要素之间的联系以及城市公共品配置的方式和机理。它是城市公共品配置的核心内容，同时也是城市更新机制的重要组成部分。城市公共品的配置机制可以从两方面探讨，即公共品的配置动力以及公共品的配置方式。

（一）公共品的配置动力

公共品的配置动力是推动城市公共品配置和城市更新的力量。公共品的配置作为一个过程和行动，必然要有动力推动其进行。从公共品的供需来看，公共品的配置动力主要来源于公共品的配置主体和需求主体。

公共品的配置主体是公共品配置的主要动力来源。纵观我国城市更新的历史，对于公共品的供给和更新大都来自政府这一配置主体的推动。这主要有两方面原因。首先，这与我国政府主导的政治传统有关。在我国，由于特殊的历史背景和国情，各项改革和发展几乎都是自上而下的政府主导模式。城市公共品的配置也不例外，政府是最重要的配置主体，通过政策推动城市公共品配置的进行，决定着公共品的供给种类、数量和区域。其次，其他配置主体相对于政府部门实力较弱。市场部门与第三部门是能够充分反映市民对公共品需求的配置主体，它们对公共品配置的推动可以更多地考虑公共品的需求，增加需求主体对公共品配置的影响和动力。但是，市场部门和第三部门的力量比较薄弱，在公共品配置方面还不足以与政府平衡。从而最终导致现阶段公共配置的政府配置主体成为公共品配置的主要动力来源。

公共品的需求主体也是公共品配置的重要动力来源。从逻辑上讲，正是有了市民对公共品配置的需求，才会推动公共品配置的进行，公共品需求主体理应成为公共品配置的核心推动力。公共品的需求主体的推动力越强，就越能够保证公共品配置的方向正确，保证公共的利益和需求。但是，在政府主导的体制下，公共需求很容易被忽视，公共品的配置反而将利益导向了配置主体。因此，应该加强公共品需求主体，即普通市民对公共品配置的影响力和推动力。首先，要完善市民正向的公共参与渠道，使市民能够通过正常的民主决策或民主监督来参与公共品配置政策的制定。其次，支持市民反向的合理利益表达。市民合理的利益诉求以及同损害自身利益的政策的抗衡可以改变城市公共品的配置，推动配置向更有利于市民利益的方向改变。正是有了众多的所谓"钉子户"，才有了我们现在更好的住房政策；正是有了不断完善的物权法律，才大大推进了城市政府的依法拆迁和城市管理中的依法行政。但要注意利益表达的方式应该合理合法，以避免出现个体伤害等悲剧。

（二）公共品的配置方式

公共品的配置方式是公共品配置机制的另一重要内容，是指公共品配置主体对公共品配置的方法和模式。长期以来，城市公共品的配置方式比较单一化，都是自上而下的政府主导模式。但随着社会多元化的趋势不断增强和社会问题的复杂化，城市公共品更加多元化和复杂化，政府部门不可能再独自承担配置公共品的责任。只有各配置主体相互合作，发挥各自的优势，弥补相互的缺陷，才能够科学、公正、高效地配置和提供城市公共品。而对于不同的公共品，其合作提供的方式与途径也不尽相同。

对于城市基础设施和其他一些自然垄断产品，如电力、水力、高速交通、通信，交给市场会造成"市场失灵"。但同样，交给政府也会造成"政府失灵"，而且，"政府失灵"比"市场失灵"更可怕。对此，需要市场和政府彼此合作，发挥各自的优势，抑制彼此缺点，共同提供此类物品和服务。公共提供并不等于公共生产。因为任何一种公共品，其效用都是由可分割的各种要素综合作用的结果。例如，公共安全就是警察、警车、通信、监狱等共同作用的结果。在市场经济发达的国家，不仅警车、通信、监狱等可以交给私人生产，再由政府采购，而且就连警察也大都是由"私人生产"（私立高等学校培养）、政府招聘的。同样自然垄断产品也具有排他性，可以将其按流量、功率以及路程长短等分类计费并向消费者收费，因而完全可以交由市场主体进行生产出售，而政府作为所有者与监管者应防止违法、垄断和高价情况的产生。具体来看，可以将自然垄断产品股份化经营，政府掌握股份并通过招标选择生产商，监督生产服务质量，间接地管制价格，从具体的生产中解脱出来，即将所有权和经营权分离，政府不干涉生产环节。至于生产和提供环节，则要交给市场进行，在选择具体生产提供商时可以通过招标来促进竞争，从而促进技术的创新和效率的提高。由于所有权属于国家，也不会对公有制的基础造成影响。

社会保障性产品和服务是社会性很强的公共物品和服务，如教育、住房和医疗等物品和服务。对于这类公共品，政府必须承担起提供者的职能，切实保障公众都能享有此类公共物品。但政府不具体生产此类产品和服务，由医院、学校、市场企业等具体的部门负责生产。首先，政府可以通过给予此类产品生产者适当的补贴，并通过价格和质量监管来保证此类产品的有效供给。其次，政府可以直接补助服务对象。政府提供保障性物品和服务的手段有很多，如政府补贴、凭单制、医疗保险、保障性住房、免除学杂费等。但我国政府的补助形式比较单一，大部分都只是拨款给补助单位，而发放凭单给消费者的形式应用得还比较少。

不可否认，大部分的公共物品和服务确实只能由政府来提供，如国防治安、法律法规、公共政策、财政预算以及许多政务业务等。但对于某些公共物品和服务或公共物品的某些部分来说，将它们交由市场来生产和提供则可以提高效率。政府提供不是由政府来生产，政府完全可以只进行投资拥有所有权，而生产环节则交由市场来进行。我国已经试着将许多公共服务外包出去，并且不断改革采购制度，但相关制度仍不完善，很多公共物品和服务仍然由政府独自生产。政府其实完全可以放弃对这些公共物品和服务生产的绝对垄断，将它们交给市场，引入竞争。这样不仅可以提高生产效率和质量，还减轻了政府的负担。但政府作为提供者，必须肩负起监管和监督的责任，尤其注意避免此类物品和服务被用来盈利。总之，由政府与市场等其他配置主体合作，才能更有效地提供公共产品和服务，更科学、更合理、更高效地进行城市公共品的配置，保证城市更新的顺利进行。

三、城市更新中公共品配置存在的问题

城市更新带来了城市的发展和市民生活水平的提高。特别是改革开放以来，我国城市更新进入了一个高速发展时期。近一段时期，各大城市都以前所未有的规模进行着城市更新。然而城市更新过程中也暴露了很多的问题，当前城市更新更是面临着不公平、不科学以及不可持续等严重问题。而具体来看，作为城市更新核心内容的公共品配置，其存在的问题占了城市更新问题中的绝大部分。因此，必须着力分析并解决城市公共品配置的问题，保证城市公共品配置的公平、合理、科学，保证所供给的城市公共品多元化、高质量以及能够真正满足市民的需要，保证市民能够最大限度地分享城市更新的成果。

在当前的城市更新中，公共品的配置存在的问题很多。从时间来看，有些问题是长期存在的，而有些问题则是近几年才开始出现的。从属性来看，有些问题是有关公平性的问题，有些问题则是有关效率的问题。从公共品配置的构成来看，有些问题是关于公共品的目的，有些问题则是关于公共品的过程的。总体来看，有关城市公共品配置的问题可以从表现与结构来分析，而当前城市公共品配置的问题主要存在于区域、种类以及配置方式等方面。

城市公共品配置的问题出现在城市更新的方方面面，由城市公共品配置而导致的问题也影响着市民生活的各个领域。这些问题的表现形式多种多样且不

断变化。就现阶段来说，主要表现在以下几个方面。

首先，从区域来看，现阶段公共品的配置存在着不均衡的问题。同一个城市内，有的区域开发力度大、公共品密度极高，有些地区开发不足、公共品数量很少。具体表现为：贫困破败城区与现代繁华区并存；重点学校集中区与师资流失、教室破败城区并存；优质医疗资源的大医院集中区与缺医少药区并存；高端社区、繁华城区因交通高峰拥堵造成的出行难与贫困破败地区因道路失修、积水、占道等造成的出行难并存；设施完善、环境优美、秩序井然的城区与基本设施破败缺乏、环境脏乱的区域毗邻而居；贫富分化呈现出区域化分布，对比强烈，强势群体与弱势群体、穷人与富人在城市空间上割裂开来。城市公共品的配置在空间上的不公平会使公共品集中区域的居民享有更多的便利和利益，而公共品稀缺的区域的居民则很难获取足够的公共品和公共服务。公共品与居民对城市生活的满意度、幸福感密切相关，不同空间居民获取公共品的相对差别会加大居民对自身不公正待遇的认识，进而产生不满情绪，甚至产生抵触心理。

而单方面来看，旧城区的开发强度过大，公共品配置过度，也造成了资源浪费、人口聚集、环境污染等问题，这会给生活在其中的市民带来负面的心理和生理的影响。可见，城市公共品配置的区域问题是一个大问题，无论是区域不公正还是旧城区开发过度都需要注意，否则会严重阻碍城市更新的进行。

其次，从公共品本身来看，多数城市政府比较关注城市经济的发展，因此大力供给和配置能够促进经济发展的公共品，或者更为准确地说是促进 GDP 增长的公共品，如提供便于经济建设的法规，制定招商引资等相关的经济政策，改善道路交通和信息网络等来促进经济的快速增长。而有关民生的公共品却长期以来被忽视或弱化。很多地方政府将主要资源和精力用在了经济发展方面，而对教育、卫生、文化等关系社会民生的公共事业关注不够、投入不足。长期以来，政府重经济发展而轻社会管理，造成社会公共政策的缺失或不到位，导致民生问题不断涌现进而出现大量社会问题。甚至很多社会领域的公共品一直都被当作发展经济的牺牲品，从而过度市场化，如医疗、教育以及保障性住房的市场化运行和供给。这虽然为经济增长提供了很大一部分的利润，但却对这些公共品的公共性和公共利益造成了严重损害，产生了看病难、上学难和住房难等问题。

城市公共品本身的质量问题也是十分值得关注的。许多城市的道路、桥梁十分"脆弱"，有些甚至刚建了几年的时间就塌陷或倒塌。这不仅是城市更新的严重损失，还会危害市民的生命安全。

此外，只注重城市物质和实物公共品的配置，而忽视文化、政策等软实力公共品的发展也是现实存在的较大问题，这也导致了很严重的趋同化现象。我国的城市更新改造大多缺乏对城市的历史文脉的尊重，缺乏对城市的历史文化内涵、地方特色以及地方风情的深入研究。许多历史文化古迹和风貌在城市更新中被破坏甚至被完全摧毁，而新建的建筑又毫无地方特色和风貌，造成千城一貌的局面。

　　再次，从过程来看，城市公共品配置也存在诸多问题。一是公共品配置存在着重复拆建的问题。很多城市的道路、房屋、市政工程等公共设施刚建成没多久就要拆掉，有的是因为需要重新建设其他公共品，有的是因为质量不过关，有的则是因为资金链的断裂。重复拆建会造成资源的浪费，并且增加城市更新的成本。还需要注意的是，不断地更新公共品还会对城市生活造成不便。二是公共品配置只注重"表面工程"。尤其是在进行道路等基础设施建设方面，"地上工程"总是比"地下工程"重要。很多城市在进行道路建设时往往仅考虑某一段路，没有很好地从整个城市总体的更新来考虑和规划。只注重地上路面、绿化、护栏、路标、服务设施等显性公共品的建设，而没有对地下管道、电缆等隐性公共品进行合理有效的开发和更新。而一旦地下设施出了问题，就又要对新铺道路进行重新拆建，造成严重浪费和不良影响。三是公共品配置时缺乏对优秀传统文化的保护。难以理解的是，有些城市将古建筑拆除后，在原位置上又建起了仿古建筑，毁了真的，造了假的，使城市失掉了沉淀数百年的宝贵文化资源和物质财富，失去了城市特色。此外，从公共品的配置方式来看，多数城市存在强制性和非人性化的现象，尤其是在拆迁的过程中更为明显。

　　最后，从城市公共品配置所引发的问题来看，现阶段许多社会问题都与城市更新中公共品的配置不当有关。第一，公共品配置区域和拆迁补偿的不公平，会造成社会的贫富差距。城市更新的客观结果就是将"富人"集中到地价较高的地方。第二，城市更新和公共品配置方式的强制性和非人性化，会引发社会的不满情绪，增加和激化城市的社会矛盾。另外，公共品的配置不当还会引发一系列影响城市正常生活和秩序的问题。其中比较典型的就是城市拥堵问题，包括车辆拥堵和人员拥堵。拥堵问题会发生在同一个城市的不同区域，既会发生在道路条件差、公共品稀疏的落后城区，也会发生在道路设施好、公共品密集的富裕城区。但是其产生同一问题的原因是不同的。在落后城区，产生拥堵问题是由于公共设施条件差，甚至无法满足少数人使用的需求；而在富裕城区，道路条件极好，公共设施很多，然而正是由于公共品的资源集中才导致大量的人员聚集于此，导致如此密集的公共品还是相对不足。

四、城市更新中公共品配置问题产生的原因

城市公共品本身的问题及其所引发的一系列社会问题都会给城市的正常生活带来不良影响，也会阻碍城市更新的正常进行。每一个问题现象的背后都有一定的原因，不同的问题可能是由同一个原因造成的，而类似的问题也可能是由不同的原因导致的。只有在深入分析城市更新和城市公共品配置中的问题以及透彻理解导致这些问题的原因的前提下，才能更有效地找到解决城市问题的对策，从而为城市更新政策的制定提供科学有效的依据。

综合来看，导致城市更新中公共品配置问题的原因主要包括错误的经济和政治利益的驱动、先进城市更新观念的缺乏、城市管理体制改革的滞后以及相关法律的不健全等。

（一）经济和政治利益驱动的错误导向

根据公共选择理论，政府官员与市场主体一样都是"理性人"，都具有趋利性，以追求经济利益和政治利益为目标。现阶段，政府是城市更新的核心主体，政府主体由于受到经济和政治利益的驱动，对公共品进行配置时就难免会考虑自身利益，使城市更新偏离应有的方向。具体看来，主要有两方面的不良利益驱动。

首先是传统经济增长观念的驱动。我国自改革开放以来，一直大力发展经济，而地方政府的核心任务就是促进地方经济的增长。在政府的政策、物质和资金支持下，很多城市公共品的建设和更新都以促进城市经济增长为目的。很多公共品的配置虽然从表面上增加了当时城市经济的增长，但由于缺乏对市民需求的考虑，这些公共品闲置报废，从长期看造成了资源的严重浪费。经济增长的观念还会导致对经济长期和可持续发展的忽视，导致严重的产业结构失衡、区域发展失调，还会造成环境污染的加剧和贫富差距的拉大。

其次是官员自身经济利益的驱动。在政府主导的城市更新中，政府占有着大量的公共资源，对公共品的配置起决定性的作用。因此，权力越大的政府官员在公共品配置中的影响力越大，甚至能够由个人决定公共品的配置政策。政府官员作为"理性人"，很可能会凭借所具有的权力进行寻租和受贿，产生腐败现象。经济利益的驱动导致官员忽视了公共品配置的公共性和公平性。

（二）城市更新长期发展观念的缺乏

没有一个长期可持续的发展观念，是现阶段城市更新出现问题的一个很重要的原因。城市公共品的颠覆式拆建、反复拆建、文化断层、趋同化等问题都与此有关。当前我国城市更新注重的是短期效益，这与我国短期任期制的管理

体制有关。对短期效益的追求必然会导致对长期利益的忽视，使人们缺乏对城市公共品配置的长期规划。新任一届领导往往会拆除以往领导主导配置的公共品，在彻底颠覆的基础上重新建设新的公共品。推倒重来的公共品配置方式使得一个城市的公共品资源浪费严重，从而造成财富损失。这样的公共品配置缺乏长期的规划和考虑，不注重财富的积累，缺乏可持续性。从文化层面来看，一个城市的文化需要物质财富与精神财富的不断积累与沉淀，而颠覆式城市更新中财富的破坏与损失使得城市文化的保护与发展受到挑战。很多城市的文物在城市更新中遭到破坏，对传统文化的传承和对城市特色的保持一直没有受到应有的重视。

（三）城市管理体制改革的滞后

首先，从主体来看，我国城市管理主体比较单一，主要是由城市政府进行管理。而相对于目前城市问题多元化和多变化的特性，政府的行政效率依然不高，其内部的行政体制仍显得烦冗和低效。政府部门的管理层次过多，行政审批烦琐，政令的上通下达时间较长，不利于处理应急事务；政府部门的管理目标不明确，公务人员在公共目标不一致和权责不明确的前提下很容易各自为政，互相推诿，为争抢利益而推卸责任。

其次，从方式来看，我国现行城市管理体制采用的管理手段较为粗放与简单。在进行公共品的配置时，政府多数情况下采用的是强制性的管理方式，缺乏人性化的理念，很少考虑相关市民的利益。强拆强占、暴力执法等现象都与粗放型的城市管理方式有关。

最后，从理念来看，传统城市管理体制是在传统控制型管理理念的基础上形成的，因此其目的和目标是加强城市的稳定，对城市秩序进行控制。政府将城市公共品配置看成维护秩序的手段，是从管理控制的角度来理解公共品的配置的，而不是从服务的角度出发，缺乏服务理念。

（四）相关法律和制度的不健全

城市更新相关法律和制度的不健全是当前众多公共品配置问题出现的一个很重要的原因。缺乏必要的法律和制度支持，会使很多利益相关者，尤其是弱势群体的利益在城市更新和公共品配置中受到损害。如物权法的不完善导致单个市民的利益很容易在城市更新中受到损害；土地征用法规的不完善使得被征用土地的市民处于不利地位，无法抗衡强势的政府和房地产商，得到的补偿在博弈中变得很少；而监督制度的不健全使城市更新的过程无法得到很有效的监督，很容易产生寻租与腐败的现象。除此之外，有关民生保障和利益补偿的一些法律也存在不健全的问题，这在一定程度上不利于城市公共品的配置。

第四章　城市更新的社会成本

第一节　城市更新的社会冲击

城市更新中社会成本－效益分析的理论基础是以经济学的价值理论来评估城市更新的政策、规划方案，建立城市更新安排与规划的成本与效益体系，为整个的城市更新过程提供一整套客观与科学的评估工具与方法。

城市更新有必要引进社会成本－效益分析理论，并且将其作为支持城市更新政策的重要内容之一。在社会成本概念被引入城市更新后，除了能够对城市更新与规划形成一系列明确的社会成本分析外，还能对城市更新所带来的效益有相对明确的认识，并且能在较为明确的前提下对城市更新社会成本总量的控制提出相对科学的分析，这样一来，城市更新过程中的责任与产出、成本与效益才具有合理的依据。

一、城市更新对居民家庭的冲击

（一）对新的居住环境的适应

在城市更新中受到冲击比较大的是被拆迁用户与新搬迁用户。在短时期内，受影响的居民受到心理因素的冲击会比较明显，因此必须做好宣传与心理疏导工作，努力提高居民在新的居住环境内的满意度，保证人民生活安定有序。

另外，即使在受城市更新范围内影响的大部分居民的居住条件有所改善，但是新居住地附带的公共基础设施能否满足人们的正常需要还是未知数。随着人们生活水平的日益提高，单纯的居住条件与生存条件的改善显然已经不能满足人们日益提高的生活水平的需要，这就需要娱乐、商业、教育等一系列配套设施的完善。

（二）对家庭结构及家庭关系的影响

一方面，家庭作为每个人所处时间最长的成长环境以及作为家庭成员之间沟通联系的纽带，其作用无须赘言。一个良好的家庭应该能够为家庭成员提供相互之间交流与沟通的平台，营造互助和谐、相亲相爱的氛围。但是在城市更新过程中尤其是在拆迁过程中，家庭成员之间往往对于搬迁补偿等问题沟通不畅，这破坏了家庭作为感情纽带的作用，严重地削弱了家庭的社会功能。

另一方面，城市更新造成了家庭社会功能的削弱。家庭作为社会的细胞，在教育与维护社会稳定等方面起着十分重要的作用。家庭是人们成长与生活的场所，是人们倾注时间最长、投入精力最多的地方，俗语有言"家是心灵的港湾"。在拆迁及搬迁过程中以及重新定居后，对孩子的照顾与教育是个大问题。在拆迁与搬迁后，随着幼儿园、学校等公共教育服务设施与环境的变化，孩子的成长环境与教育环境发生了较大变化，这种变化往往会造成孩子在适应方面的问题。另外在搬迁与拆迁过程中，家长对于孩子的教育与成长投入的精力与时间会因为各种因素的影响而分散，这会对孩子以后的成长产生重要的影响。

千千万万家庭的和谐是社会稳定的基础和保障，在城市更新过程中出现的一系列破坏家庭和谐的矛盾，比如家庭成员之间的关系变差，因为交通条件的变化而产生的生活负担及工作压力，由于公共基础设施的变化带来的生活方式的变化等都会对家庭的稳定与和谐产生消极的破坏作用，进而造成严重的社会问题。

二、城市更新对于社区组织层次的冲击

（一）产生邻里重建成本

社区中的人们会自发组织社区活动，形成自己独特的社区文化与邻里关系纽带。城市更新是一项系统的长期的工程，在此过程中会产生各种各样的矛盾。在原来的社区内部数十年日积月累才形成的稳固的情感纽带会随着城市更新的到来而土崩瓦解。由于拆迁引发的居民之间利益的冲突，对于新的居住环境内的优越资源的争夺以及原有的生活秩序的变更，都可能导致邻里之间信任的流失。大多数情况下，城市更新意味着城市居民保持的原有地缘关系的瓦解，在各自分散到新的环境后，在陌生的环境内，邻里相互之间的不熟悉可能造成新的邻里关系的疏远甚至是冷漠、敌对。事实上，大部分居民都表达出对于原有邻里关系的留恋。来到新的社区后，原先和睦稳定的邻里关系以及居民长期在

原住社区内形成的归属感都会受到很大的影响。在新的社区，要真正地发掘和了解身边的邻居、增进邻里之间的相互了解、融入社区大生活、打破邻里间心理障碍、重建邻里之间和睦融洽的关系，不仅要耗费巨大的精力，而且需要长时间的积累与沉淀。

（二）对相对弱势群体的冲击

城市更新对于老年人群体以及青少年群体的冲击尤为明显。对于青少年而言，城市更新的影响主要体现在其教育与成长的过程上。城市更新的过程对于家长、家庭的影响都会在很大程度上反映到青少年的成长上。青少年群体的成长需要一个稳定的有序的生活环境，青少年成长时期与外界的交流以及家庭内部对于青少年群体成长的关注都会在城市更新的过程中或是由于家庭变迁的压力，或是因城市更新所带来的生活环境的变化而有所改变，因此，如何在青少年成长的关键时期给予青少年健康成长的保障是至关重要的，因为这不仅事关当前青少年的成长与教育，而且会影响青少年日后走上社会的道路。而对于老年人群体，这种身份角色的变化所带来的不适应，也是十分明显的。

（三）弱化社区认同感、降低社区功能

在城市更新的推动作用下，各种形形色色的社区纷纷成立与建设起来。社区建设的本质是要提升社区归属感、提高居民的社区参与度、发展社区民间组织、完善社区基层组织、改善社区基础设施、提供众多社区服务、加强社区安全保障、促进邻里关系和谐、增强社区依赖度等，只有这样，社区才能继"单位制"之后，担负起对城市居民的组织和管理功能，才能对市场经济、城市管理和社会稳定产生作用，以实现基层社会的和谐稳定。社区发展具有双重的意义，一方面，它作为政府应对社会问题的手段，通过对特定街区、村落提供公共服务来满足那些在现代社会转型过程中失落的人们的需求；另一方面，它通过特定街区、村落成员参与本社区的公共事务，形成人们的精神生活和社会交往，还人们本应有的人类生活方式和人生内涵。

但是现实情况是，城市更新的进行不仅在摧毁着城市的传统社区，而且在新的社区内要实现这种社区本质的重建需要付出巨大的代价。同时，在新的社区形成时，对于传统社区功能的破坏是显而易见的。邻里之间的"熟人世界"的相互支持功能消失殆尽，在陌生的生存环境下，社区内部到处透露着陌生与距离感，邻里之间相互的信任感与安全感不见了，在生活中互帮互助、相亲相爱，共同解决生活的困难，共同保障社区治安的场景也消失了，毫无疑问这是邻里之间的损失。

另外，随着新社区的建立，原先属于不同地区、分布在不同行业的人群由于城市更新的作用而汇聚到了一起，这种不同文化背景和生活背景下所带来的异质性很容易造成人们之间的心理隔阂。由于居民之间交流日益减少，基本上就排除了邻里之间深度交往的可能性。人与人之间不再相互信任，不再互通有无，有时甚至相互提防，这对于社区居民的社会化生活是一种极大的伤害。

社区控制功能主要体现在社区无形存在的对于社会的整体控制之上。在传统社区内，在社区精神与社区文化的熏陶下，邻里之间的监督与约束既自觉又普遍。这种潜移默化的力量对于社区的整合与稳定具有重要作用，同时还有利于减小社区管理的障碍，推动社区的发展。在新社区模式下，社区控制功能也在很大程度上减弱。

（四）增加社会心理成本与道德成本

我国城市更新的模式是由政府主导的，由政府主导城市更新方案的设计与规划，执行城市更新决策的选择与实施，并且选择具体执行城市更新方案的开发商。在这种情况下，城市居民作为利益主体中相对弱势的一方，在城市更新过程中所获得的利益与所负担的成本是不对称的，由这种成本－收益比所产生的社会心理负担是难以用单纯的经济数字所衡量的。

在市场经济条件下，每个个人或者经济组织都是以"理性经济人"的面貌出现的。当面临着拆迁资金的补偿不足，或者政府部门所宣传的城市更新的目标难以达到人们的心理预期时，便会出现一系列的矛盾。比如，政府部门或者是开发商为了追求更新方案实施的进度或者便于城市更新顺利实施时，所做出的宣传与许诺往往都是过于美好和高尚的。在这种情况下，被更新居民的心理预期是同这种理想化的愿景相一致的，但是在实际的操作过程中，或者因为政府决策的失误，或者由于政府政策执行的不顺畅，或者由于政府在城市更新过程中进行的"寻租"行为，政府在城市更新中的行为成为单纯的趋利行为，给居民造成严重的剥夺感与欺骗感。

（五）破坏城市传统历史文化

《威尼斯宪章》提出："世世代代人民的历史文化建筑，包括从过去年月传下来的信息，是人民千百年传统的活的见证。……大家承认，为子孙后代而妥善地保护它们是我们的共同责任。我们必须一点不走样地把它们的全部信息传下去。"当前我国的城市更新与规划一方面趋同化现象严重，城市的更新与城市的建设一味地追求"国际化"，使城市失去原本的多样性。另一方面，城市更新中存在着大量破坏传统历史文化的现象。城市应该是多元文化的复合与交汇的地方，传统的历史文化是一座城市的底蕴和气质，一所城市的文化遗产是一种宝贵的资源。首先，悠久的传统与历史是一座城市历史与文明长期积淀的结果，是城市居民认识历史与了解自身的工具，可以作为一座城市的名片。例如，一提到泉城，人们都会想到济南悠久的泉文化。其次，丰富的历史文化资源也能够带来巨大的旅游效益与经济效益。现在是经济的高速发展时期，同时也是历史文化遗迹的保护与城市开发的矛盾尖锐期，在我们国家的城市更新中还存在着大量的肆意破坏历史文化古迹的行为。失去了文明的象征，对于人们的民族自豪感与自信心方面的打击是不可估量的，对传统历史文化古迹保护不力，将会带来沉重的社会成本。

三、城市更新对社会的冲击

（一）对社会阶层的影响

改革开放以来，我国在经济、社会、文化等方面都驶入了快车道，在多种因素的影响下，我国的社会阶层结构也发生了潜移默化的影响。在计划经济时代终结后，随着大刀阔斧的改革与市场经济的迅速发展，人们的经济收入水平显著提高，但是，市场经济条件下对于经济利益的过分强调也造成了当前我国社会的贫富差距。

城市更新过程意味着城市社会财富及资源的一次重新洗牌和重新分配。开发商的趋利动机、政府通过城市更新过程转嫁政府成本或者进行权力"寻租"等行为都会使社会财富在社会各阶层之间的分配更加不公平，造成富人群体在城市更新中获取更多的利益而穷人群体则无力承受高额的负担。为城市更新所新建的小区往往会被标注高额房价。其中受影响最大的原住小区的居民，虽然可以得到一笔安家费，但是在回迁时这笔钱往往只够缴纳新房的贷款，这导致原本生活还算富裕的家庭因此走向困境。"因拆致贫"引起的社会阶层的改变是显而易见的，并且造成巨大的社会贫富分化成本。

（二）对于城市本身的影响

①城市更新中，由于政府的失位，城市规划的引导与规范作用没有体现，相反出现很多破坏城市更新过程、延误城市更新规划的问题。

②城市的生存与发展离不开自然资源的支持，城市更新的顺利进行需要自然资源的充足供应才能够持续进行。然而，在我国当前进行的城市更新中，决策者大多数还是采取传统的、粗放型的城市更新方式，一方面，为了城市更新

将原先的小区或城市面貌毫无保留地推倒重建；另一方面，为了实现城市的经济增长指标，不惜在城市的建筑尚未达到更新要求时进行无谓的重复更新。随着城市的发展与城市更新的深入，自然资源的消耗也将进一步加大，而这种资源消耗大、效率低的更新方式不仅对城市的特色是一种破坏，同时也造成了一系列严重的自然资源成本消耗。

③产生高额的人力资源成本。城市更新需要巨大的人力资源成本来支撑整个更新过程的运行和实施，诸如专门城市规划人才的招揽、城市规划的决策及实施人员的培训等。

（三）对政府的影响

政府在城市更新中担当的角色是极为关键的。政府形象以及政府公信力作为政府的一种"软实力"，对政府政策的选择以及实施都有着极为重要的意义，是政府获取基层人民群众支持和建立"合法性"的重要途径。只有在良好的政府形象和政府公信力的感召与影响下，人民才会响应政府、支持政府。在城市更新项目的招标过程中，政府官员的行贿受贿、权力寻租行为不仅是对公共利益的侵害，更是对于政府自身形象与公信力的一种自残。

另外，政府决策的失误以及政府行为的过失也都在增加着政府的社会成本。缪勒在《公共选择理论》一书中指出："当提供可度量的产出时，政府官僚机构要比私人企业花费更高的单位成本。"有时候，随着新一届城市政府领导班子的成立，为了在任期内获得不俗的"政绩"，在没有科学合理的城市更新的评估与规划的情况下就进行盲目的更新与建设。这种城市更新与其说是为了城市的发展不如说是为了"更新"而更新。在这种观念的影响下，政府的公信力也是一再降低。对于政府来讲，要想重建在城市更新中所失去的政府形象和公信力，道路既漫长又艰巨。

（四）对于城市空间结构与产业结构的影响

在西方国家，有关城市空间结构的理论方面，影响较大的是城市结构的"同心圆"假说。该理论是20世纪20年代美国学者伯吉斯建立的关于城市分区问题的一个图解模型。该分区假设模型说明，各种产业在从市中心向外距离逐渐增大的每个分区中的集中程度，按照下列次序分类：①中心商业区产业：百货商店、时髦品商店、办公大楼、俱乐部、银行、旅馆、剧院、博物馆和各种组织机构总部。②批发业。③贫民区住宅（位于一个衰落区，有商业和轻工业从城市中心方向侵入）。④中等收入产业工人住宅。⑤上等收入独门独院住宅。⑥上等收入城郊往返上下班者住宅。该图解模型以20世纪20年代流行的城市土地利用结构的经验观察为基础，并以动态模型的形式提出。伯吉斯假设认为，这些土地利用区的顺序不会变，但随着城市的发展，每个分区必然向外扩展并推移，侵入下一个分区，造成一个一个过渡区。伯吉斯模型提出了城市土地利用以区位类型相区别的一种基本分类方法，至今仍有实用意义。然而在中国的城市更新过程中，城市中心过多地聚集了商业、文化、交通等服务密集区，给城市中心区造成了巨大的压力，造成各种城市功能的拥挤和冲突。然而在郊区，由于各种基础设施不健全，人们的经济与时间成本较大，生活压力骤增。这种不符合市场资源配置的城市空间结构所产生的社会成本负面影响巨大。

第二节　城市更新社会成本产生的原因与控制

在城市更新过程中，由于多种因素交织在一起相互作用，因此，产生社会成本的原因也是复杂多样的。

一、城市更新社会成本产生的原因

（一）城市自身发展的驱动力

1. 城市化是产生城市更新社会成本的内在动因

城市更新的发展离不开城市化的推动力。城市更新在很大程度上可以说是出于对城市长远发展的一种投资，为了达到城市进步的最终目的，必须要进行必要的更新成本的投入。这种城市更新中成本的投入突出地体现在经济、社会发展与环境保护的利益冲突之上。例如，许多城市为满足城市经济与社会的优先发展，宁愿以环境污染和生态环境破坏为代价。

2. 为城市的发展所追求的公共利益也需付出社会代价

政府在城市的扩张与发展过程中通过为城市居民提供相应的公共产品和公共服务来满足广大人民群众的需要。虽然本质上是为了公共利益，但是在此过程中会产生巨大的自然资源损耗以及环境污染。这种社会代价往往也被算作城市发展的资源损耗成本以及生态环境成本。

（二）政府的功能与角色定位失误

1. 政府角色的混乱

政府在城市更新过程中充当着既是"裁判员"又是"运动员"、既是"规

划者"又是"组织者"的角色。在众多的角色中,有些是政府应当和必须承担的,有些则是政府对于自身角色的定位不清而过多干预和承担的。政府,作为一种特殊的社会组织,是全体人民公共利益的代表,应该承担的主要是组织和管理社会的职能。面对如此多的角色,政府不仅会对自身功能认识不清,而且会在众多的事务中疲于应付,迷失了原有的本质。

2. 政府的决策成本

政府关于城市更新的决策对城市更新过程自始至终都产生着巨大的影响。政府是城市更新决策的主体,公共政策的制定深受政府各级决策者的影响。公共政策的决策过程需要耗费大量的时间和精力去调节和平衡各方利益主体的需求,在各种压力与权力的交错博弈之下,决策的正确性很难得到保证。

(三)经济利益的驱动

城市更新的过程绝对不能忽视市场经济的驱动作用。经济组织主体在城市更新中起着巨大的作用,不论是在更新资本的筹集还是在城市更新规划的具体实施过程中。随着市场经济观念的深入人心,广大人民的市场经济意识也在增强,人们看问题的方式因此也更多地集中到了关系自身利益的事情上。城市更新涉及广大基层群众最基本的生存利益,因此在城市更新中人民维护自身利益的意志也更加强烈。

在市场经济条件下,开发商的经济活动是以盈利为目的来开展的。企业的社会成本也具有难以计量的特性,而且包含很多比较主观的东西。在这种情况下,如何最大限度地将成本转嫁到社会或者是居民身上也就成了企业的必然选择。

二、城市更新的社会成本控制

科斯在《社会成本问题》中为我们合理解决市场经济的外部性问题提出了一条非常有启发性的思路:解决外部性问题的根本出发点是促进资源利用效率的最大化,而不是片面地对造成外部性的当事人进行处罚。通过城市更新社会成本的核算来促使城市更新参与主体合理利用社会资源、改善居民生存环境、减少和控制社会成本,从而提高社会的整体效益。城市更新中社会成本的控制体现的是政府、社会外在的制约与经济主体自主约束的有效结合。

（一）微观社会成本控制

1. 社会成本观念

改革开放以来，在注重经济发展的大背景下，形成了过度强调个体的观念，"理性经济人"的意识逐渐增强。经济个体在做出行为选择时都是以收益最大化为目标的，当然在追逐利益的同时考虑如何降低和缩小成本就成为经济行为的必然选择，随之而来的是建立在个体经济组织基础之上的个体成本观念的深入人心。但是，随着社会的日益发展，整个社会所凸显的社会问题与危机使得社会成本的研究与关注具有不可避免性。

试想一下，在没有"社会成本"概念的社会里，各种企业只会站在自身盈利的立场之上安排和计划其生产与经营活动，而置其经济活动对于整个社会所造成的外部结果于不顾。明显的例子就是在当前的经济生活中，一些企业缺少相应的社会责任感，一味地追求本企业经济效益的增长，忽略了在企业效益的增长下隐匿的污染问题、企业责任感与企业文化的缺失、员工的心理负担等深层次成本。同样，在城市更新中，企业若只顾一己私利而置广大人民群众的利益于不顾的话，最终只会造成人民群众的强烈反抗，这样一来反而会造成社会成本的增加。政府若缺少社会成本意识，只会造成政策上的盲目以及在资源调配过程中的低效率和浪费。

总之，社会成本观念的缺失导致了很大一部分经济活动行为的非理性。社会的发展决定了社会成本观念的形成与发展，反之，社会成本观念的发展与推广也会推动社会整体效益的提升。

2. 科学合理的城市更新决策与规划

决策与规划的科学性、合理性、合法性关乎城市更新的规划阶段、实施阶段和善后阶段的社会成本控制。

城市更新的规划与决策的选择直接关系到城市更新的有效性与整个城市更新过程所带来的城市更新成本的大小。因此，要充分地认识到城市更新规划与决策的重要性，在城市更新之前进行科学、系统的评估，邀请专家学者对于城市更新方案进行专业化的论证，评估城市更新过程中所产生的社会成本与社会效益，既要考虑个人及家庭层次的承受力，又要考虑邻里社区层次的重建成本，还要考虑城市更新对于城市空间、社会分化及政府成本的影响。

一套完整的城市规划方案不仅需要采取科学的规划方法，还需要倾听广大人民群众的意见。

公众参与政策的制定与选择过程，需要注意以下几个方面。

首先，要把握好城市居民参与的程度。一方面，城市更新规划与方案的制定必须要倾听民意，城市规划要站在人民的立场上进行规划方案的设计，充分尊重城市社区的地区环境与人文环境。另一方面，又要控制人民参与的成本。城市更新方案的设计需要耗费大量的时间成本与信息成本，但是城市规划方案的设计并不是无限制的，要在尽量控制成本的前提下保证城市规划方案的科学性和合理性。

其次，城市更新过程关系到每一个社会成员切身的利益，而且在城市更新过程中不可避免地包含着利益的再分配。把作为城市更新利益相关者的广大公众排除在政策选择的决策之外，而只是让一小部分人对城市更新政策进行选择，进行利益的重新分配，必然会危及城市更新政策以及城市更新方案的公正性和公平性。

扩大广大人民群众参与城市更新决策的广度与深度不仅可以保证城市更新的顺利进行，而且在面对像拆迁等一些城市更新矛盾比较突出的问题上，会大幅度降低解决问题的成本。

最后，建立完善的社会保障体系。改革开放以来，随着市场经济改革的深入，在经济发展取得巨大成果的同时，社会经济利益这块"大蛋糕"的分配失衡现象也越来越严重，社会内部不安定的因素也越来越多，这对于社会稳定以及城市更新的顺利进行也造成了越来越大的影响。市场经济主张市场对于资源的基础性配置作用，随着对计划经济时代的告别，政府应该将其主要精力由配置资源、控制市场转移到为市场经济活动创造公平、有利的外部环境以及利用必要的行政手段来避免与消除市场经济可能产生的不良后果上。

城市更新是对于城市资源重新洗牌与分配的过程。对于在城市更新中受到较大冲击的社会成员和群体，如失业者、贫困人口、退休者、老年人群等，房地产商、开发商要进行经济方面的赔偿。另外，政府作为公共组织的代表，理所当然要承担起扶助、救济受到冲击的居民的责任。政府应当通过建立完善的社会保障体系，向这部分人提供社会保障，让城市居民充分享受到城市更新带来的效果，对于受到影响的居民必须在城市更新的事前、事中、事后都做出妥善、系统的安排。这样一来，既能缓和社会中日趋明显的贫富差距，又为城市更新的顺利进行创造了良好的外部环境，既有利于城市更新成本的降低，又有利于整个社会价值的统一，使社会的凝聚力增强。

（二）宏观社会成本控制

1. 经济、生态、社会的协调发展

社会是一个由多种因素组成的有机系统，多种因素和谐相处、相互协调才能共赢。否则，对于社会上任何一方面的蔑视都会产生巨大的社会成本与代价。在城市更新中，也要坚持科学发展观，做到科学地评估与检测各方面的利益需求，尽量减少社会成本的模糊性，最终达到控制社会成本在可接受范围内的目标。

政府应切实地树立与贯彻以人为本的理念。对公共利益要进行严格的界定与审查，防止政府以所谓"公共利益"为旗号进行实为侵害广大人民群众利益的城市更新。城市更新也需要重视民生，重视人民群众的切身利益，排除"官商勾结"坑害人民群众的事件发生。

2. 完善市场经济体制

城市更新中包含了大量的经济活动，通过市场经济体制的法制化、规范化，可以减少因机制的漏洞带来的交易成本。通过市场调节手段与政府行政手段的配合，可以降低"搭便车"现象的发生。

降低城市更新社会成本还可以从保障居民的市场主体地位入手，因为只有保障了居民的市场主体地位，才能保障居民在感受到成本大于收益时有退出交易的自由，从而使社会成本被控制在可以承受的范围之内。

在市场经济条件下，要转变经济增长方式与经济增长观念。当前的城市决策者沉浸在重复更新所带来的增量财富与虚假繁荣中。当存量财富连续被破坏时，盲目追求增量财富实质上是对资源的极大浪费。而且决策者为了追求在一定时期内政绩的增长，往往把城市更新作为见效最快的手段。因此，转变经济增长方式与经济增长的观念，其意义不仅仅体现在经济的发展方式上，也体现在对于社会成本的节约与控制上。同时，需要采取的一项重要措施就是调整政府官员政绩考核的指标，不再唯 GDP 等经济指标是从。总量控制是进行社会成本分担与补偿的基本前提，政府只需通过间接控制某一经济活动的私人成本和外部成本就能起到控制总量的目的。

3. 严格的社会成本评估

国家可以设立社会公认而且政府认可的社会机构，用以监督与激励解决社会成本问题；通过对城市更新中所造成社会成本的评估以及对城市更新各参与主体的活动的监督，建立奖励与惩罚机制，实施相应的奖励与惩罚措施；运用

现代计量方法与技术，使社会成本尽量在可控制、可预测的范围内，保障实施的可能性与科学性；完善控制社会成本的制度机制。

成本与收益之间存在着一种逆向关系，即在总产出一定的情况下，成本的增大意味着收益的减少，而收益增加则表明它是由成本节约和成本利用效率提高而带来的结果。对于这一关系的假定和认可，使得个人和企业在追逐利益的驱使下，竭力探寻降低成本和扩大利益的活动路径，进而使自己的行为尽可能倾向于"收益预期大于成本支出"的理性假设。但是个人或企业也会进行"成本大于收益"的活动，因为在社会经济领域，始终存在着经济人"搭便车"的现象，所以这里就隐藏着成本被推卸和逃脱，以至转嫁他人和社会的可能。一旦存在这种行为，成本与收益就会脱节。

4. 完善的法律法规体系

完备的法律保障体系是城市更新顺利进行的保证。在城市更新中，要坚持法律至上的原则，保证执法的公正与公平才能使城市更新中的各种决策行为与经济行为都在正确的轨道上。法律体系的完备体现为对于多种利益主体在城市更新中的行为都具有规范约束功能，切实地起到保障城市更新顺利运行的作用。

①建立企业的社会责任管理制度。企业一方面要承担并履行经济责任，追求经济利益的增长，为国民经济的发展贡献自己的力量。同时，也要承担相应的社会责任，最重要的方面就是要做到在法律方面的自觉与自律。换句话说，企业必须承担双重责任。企业的经济行为在法律的约束范围内自不必说，需要指出的是，在当前的城市更新中，企业需要承担的许多社会责任并没有纳入法律法规的范围内。规范与约束企业的经济行为具有重要的社会成本控制作用，可以防止许多不必要的隐性成本的发生，而企业社会责任的法制化则有利于经济组织在经济活动中寻求正确的决策以降低成本，并能站在更广阔的立场上维护整个社会的利益，从而实现社会成本总量的控制。

②依法规范政府行为，促进社会公平。为了控制与降低城市更新过程中总的社会成本，政府应该从自身做起，在政府内部引入社会成本概念，加强对政府部门人员进行"降低社会成本观念"的宣传教育，在政府内部树立社会成本意识，提升各级政府官员控制社会成本的责任感。在市场经济条件下，市场的基础性作用毋庸置疑，政府对于市场的干预要坚持适度原则，要有所为有所不为，避免因政府职能模糊而造成不必要的社会成本。政府还要依法监督与制约各行为主体的行为，明确各主体的社会责任和义务。

依法监督和制约城市更新的决策过程和执行过程。在现实复杂的社会经济环境下，城市更新过程中政府的决策过程要受到很多因素的干扰和影响，不仅仅是来自内部的，那些来自外部因素的影响往往更大。这就需要政府在制定和执行城市更新政策的过程中，加强法律和制度的规范和制约功能，将城市更新的过程纳入法律约束的程序化中，依法行事，使外部因素对于政策的随机性影响降到最小。当然，建立完善的机制来保障城市更新的顺利运行是必要的，虽然这会在短时间内增加一定的成本，但是从长远考虑，可以避免因缺乏必要的机制保障而给社会带来更大的损失。一方面，扩大决策的群众基础，保证规划方案的科学有效，满足各方利益需求，尽量减少决策失误，在决策完成后，降低政策变更的随意性，最大限度地降低决策成本。另一方面，明确政府职能，降低政府职能的模糊性，规范政府官员的行为，降低政府官员因行为"失常"带来的成本转移，提高政府的工作效率。

③建立并完善与城市更新相关的法律法规，做到有法可依。现实情况是在众多的城市更新中所出现的问题甚至找不到相应的法律依据，因此保障受影响者的合法权益就成为一纸空谈。要将宪法中的精神具体化就要完善相关的法律，如《拆迁法》等城市更新相关法律的制定与完善，只有这样，当居民在遇到相关问题时，才能找到维护利益的工具，也才能实现对违法行为的震慑。

第五章　城市更新管理的优化

从本质上讲，城市更新是对城市发展过程中所产生的问题做出的反应。城市在长期的发展过程中，在城市化和城市现代化过程中，在长期的持续演变过程中，必然会产生和积累一些矛盾、问题，这些矛盾和问题积累到一定程度必须加以解决，否则就会以尖锐对抗的形式出现。城市更新就是从城市硬件设施方面对这些问题做出的回应或反应。所以城市更新应当切实根植于城市本身的实际和现状，根植于城市本身的发展规律和内在需求。

第一节　城市更新成败的几个关键

一、城市更新中的公共品

如前所述，由城市各类性质的公共品所构成的城市公共品体系，是城市的框架和骨骼。城市公共品体系的科学设计与合理配置、充足而有效率的供给，是城市健康协调发展的前提。

第一，公共物品的供应数量多少、质量优劣和配置结构决定着城市更新在市场机制下各种要素的流向。公园、绿地、道路交通、城市照明、自然环境、学校、医院与公共卫生服务、社会治安状况、发展规划等公共物品的供给状况，决定着城市中一个地段的房价高低、投资商的开发定位、小区的高档与低劣、居住人群构成、人员的聚集与流向等。城市公共物品的供给引导着私人资本投资及人群的流向，决定着城市某一区域的分工与兴衰。例如，克利夫兰是美国典型的工业城市，集中了很多美国排名前 500 强的企业。但在 20 世纪 70 年代末，克利夫兰繁华市区急剧衰落，郊区化特征明显，表现为大企业外搬、人才外流、居民外迁、繁华市区衰落、城市空心化严重。为振兴克利夫兰昔日的繁华市区，该市当局经过反复论证，决定在市中心大量投资兴办公共工程，有效提供公共物品。克利夫兰市兴建了 43000 座棒球场，建造集大学、剧院、博物馆、音乐厅于一体的"文化圈"，公共投资建造了世贸中心。公共物品的有效提供，吸引了企业回迁和大量投资，从此人流回归、人才聚集、商业兴起、房价大涨、城区繁荣。

第二，公共物品供应是非常有效的经济调节手段，并直接影响着城市管理与发展的公平和效率。比如很多发达国家都是通过大力发展公共交通来解决大城市中的多种矛盾。通过公共财政大量投资、补贴或引导私人投资，发展价格低廉、快速方便的公共交通，一是为城市中的贫困阶层和低收入者彻底解决了交通出行问题；二是吸引了部分中低等收入者放弃自驾车而选择公交，既缓解了自驾车增加带来的交通拥堵，又避免了为解决交通拥堵而不断拆迁、拓宽道路；三是减少了私人轿车车辆污染排放；四是降低了大量私人轿车车辆等的汽油能源损耗；五是有效抑制了城市的热岛效应。

二、城市更新必须符合国家建设主体功能区

"主体功能区"的概念最早由陆大道院士与中国科学院可持续发展研究中心主任樊杰共同提出，受到中央高层的肯定，并从 2006 年底开始规划。2009 年初，国家主体功能区规划编制基本完成。国家主体功能区的划分和建设，主要是根据资源承载能力、环境承载能力、现有开发密度和发展程度、经济发展潜力等统筹谋划总体经济布局、国土宏观利用、城镇化格局、人口分布和产业分布。中国作为一个人口大国、经济大国、国土面积大国，落实主体功能区规划，加快国家主体功能区建设，是确保国家经济安全和提高经济发展效率的必然要求，否则我们将为此付出更加巨大的代价。在我们这样一个人口众多、幅员辽阔、地区差异巨大的国家，国家"主体功能区"的划分有着不同寻常的重大意义。一是可以减少资源浪费和交通运力浪费，优化资源配置使用和交通运力布局配置；二是可以发挥更大规模、更广意义上的产业集群效应，提升经济的宏观效益和微观效益，提升竞争力；三是便于宏观管理。国家"主体功能区"是国家面向未来的总布局，城市更新、城市战略、城市定位和城市发展必须与此相适应，城市发展必须与国家主体功能区建设相一致。

三、城市更新的前瞻性

对任何一个城市来说，城市更新都是世纪工程，其影响都在百年以上。每一个城市更新项目必须立足百年，面向未来，有足够的前瞻性，防止城市更新陷入建了拆、拆了建、反复拆建的恶性循环。

一是必须预测到城市未来的人口变化，即人口数量、人口质量、人口结构、失业就业。从城市化开始到城市化高潮，再到后城市化，城市人口数量变化较大，人口结构迥然不同，失业人口和就业需求都会差别很大。人口数量未来究竟会达到什么规模，城市更新形成的设施究竟能够和应该有多大的人口承载能力，城市更新必须考虑到这些未来变化。现在进行城市更新时，很多城市考虑的是增加产值、缓解交通拥堵、使城市更现代化等，50年以后的城市更新面临的可能是怎样更适应城市人口的老龄化和社会养老，更人性化、更福利化。

二是必须预测城市经济发展水平，如城市产业未来的演进，城市居民需求结构的巨大变化，否则，一个城市提供的基础设施就不能适应一个城市的经济发展和社会需求，客观上就会加速城市的反复更新和反复拆迁。

三是预测社会发展水平，社会领域的发展对城市更新的硬件要求在百年里会有天翻地覆的变化，预测得愈长远、愈精确，城市更新工程就愈能成为永久性工程，避免陷入建了拆、拆了建的怪圈。

四是预测科学技术的发展变化，如新材料和新能源开发对基础设施和城市建设的影响。城市发展到一定阶段、一定程度，就会被迫或主动采用科学技术带来的新成果，如新材料、新能源，城市更新必须考虑到这些，做出预测、预留或规划安排。

四、城市辐射半径或城市分工

城市更新必须顾及与周边城市的区域分工和城市群发展。城市的辐射半径和实现合理的大区域分工，是城市更新定位的前提条件之一。城市更新在某种程度上是利用新的技术手段和城市资源，根据新的城市发展需要和理念，在继承传统的基础上，对城市进行的现代化改造。因此，一是城市更新必须考虑到与周围城市的在经济、社会、地理、文化等方面的整体分工，顺应分工并发挥和体现出自身优势与特色，避免城市更新和城市发展的趋同，造成城市建筑、规划和发展战略的"千城一面"。二是考虑辐射半径，避免城市更新资源的无序流动、城市间过度竞争和同质化浪费。

五、城市更新的效益

就物质形态转换而言，衡量城市更新优劣的核心是效益，即在城市更新过程中，消耗的社会存量财富与得到的社会增量财富之间的对比关系。

第一，城市拆迁、改造、建设过程中所消耗的各种资源和损失的物质文化财富，与所提升的城市竞争力和增进的城市社会福利之间的数量对比关系，是评价和判断城市更新效率与效益的基本标准。评价城市更新，不仅要看投资建设了什么，更要看为此失去了什么，损害和消耗了多少。就积累存量财富与实现增量财富，保护历史文化、传统特色与现代化而言，尽可能少地毁掉存量与尽可能多地增加增量是城市更新效率的根本要求。

第二，城市的名胜古迹等诸多物质文化遗产以及相附着的非物质文化遗产，是一个城市可以永续利用的有形资产和无形资产，是社会财富中的无价之宝，由此影响甚至塑造了一个城市的历史传统文化和城市特色。城市这类有形或无形资产，随着国际化发展和历史日益久远而变得异常珍贵，城市更新必须侧重保护这些资产，维护其历史特色。任何形式的破坏都是与城市更新的宗旨相违背的，都会造成失去的存量财富大于得到的增量财富，即使用单纯的经济效率评价标准来看也是不可取的。

六、城市更新的利益公平

城市更新是城市资源的一次重新配置，也是城市众多阶层和社会群体的一次利益大调整。就利益关系而言，城市更新的核心是公正公平，即在城市更新中各阶层都应享受到城市发展进步的成果。城市更新不应成为社会利益分配不公平加剧、收入差距拉大或两极分化、强势群体伤害弱势群体的手段。城市更新在现实中存在着两种伤害社会公平的突出倾向：一是社会公共利益的部门自利化或微观自利化，即在城市更新中，一些社会公共利益被转化为部门或单位利益，公共权力和公共利益被利用或直接转化为微观单位的小范围利益。二是企业或部门等微观主体的成本社会化，即本应由微观单位承担的成本被推向社会，由社会承担或政府公共财政承担。公共利益与公共权力的微观自利化和微观成本社会化，导致城市更新中一些社会群体之间贫富差距拉大和社会阶层对立。利益调整的公平要求，考验着地方政府的城市管理能力和行政能力，直接影响着一届城市政府的合法性基础。

七、城市特色与文化传统

城市更新必须维护、强化和延续城市特色，必须继承和弘扬城市的历史文化传统。城市，其本身的历史有长有短，但都有其特殊之处，都有自身特色，都有不同于其他城市的发展过程，都有或多或少的历史文化遗产。文化遗产就是这个城市的一种宝贵的可以永续利用且随历史延长而不断升值的资源。一个城市的文化遗产可以划分为两大类：物质文化遗产和非物质文化遗产。一个城市的物质文化遗产是指城市创立发展过程中遗留下来历史文物、特色景观、富有意义的建筑物、特色含义的街区等一切物质化了的东西。一个城市的非物质文化遗产是指该城市及其区域内历史上遗留传承下来的风俗、习惯、典故传说、节庆、民间文学、制作工艺、艺术等。无论是物质文化遗产还是非物质文化遗产，都是这个城市及其区域世世代代流传沉淀下来的文明及其特殊载体，都是了解这个城市及其所属区域过去和现在的工具与信息密码，并由此决定了这个城市是这个城市而不是其他城市。一个城市魅力的大小，有没有历史感，在很大程度上取决于城市的这些物质文化遗产与非物质文化遗产的多寡与历史长短。

城市的这些物质文化遗产与非物质文化遗产在全球经济逐渐一体化的今天，具有了更加特殊和重要的作用。

第一，文化遗产成为一个城市的核心旅游资源。目前，旅游经济快速发展，旅游产业高速膨胀。旅游兴市、旅游立市，旅游点发展成为城市，旅游推动一个名不见经传的小镇成为世界级名城，旅游资源和旅游业可以成就一个城市，甚至成就一个国家。

第二，文化遗产是一个城市发展民间艺术、兴起独特文化产业的天然条件。发掘、整理一个城市的文化遗产，如国内一些城市将相声表演、剪纸、电影城、戏曲、武术等作为兴起城市的独特文化产业，能够提高一个城市的文化魅力，带动一个城市乃至于更广大地区的经济快速转型和飞速发展。

文化遗产是一个城市最为宝贵、最具独特性的资源。文化遗产是文明屹立的旗帜，是历史情怀的表达，也是一个时代和民族精神的象征。在文化遗产的背后，是伟大与神圣的传承，我们可以从它身上不断汲取精神的能量和文明的情愫，也可以创造巨大的社会效益、文化效益和经济效益。

第三，文化遗产可以成为一个城市的品牌，在全世界备受瞩目。一座城市最响亮和夺目的品牌就是这座城市所具有的不同的历史文化特征。文化遗产是一个城市不可再生的稀缺资源，深入自己血脉的文化是一个城市的灵魂。文化遗产记录了历史的脚步，刻画了永久的音符，正是因为有文化遗产的存在才有古文明展现于天下的可能。全球化带来世界城市发展的趋同化与一致性，由于城市特色与城市异质性的缺失，导致发达国家与发展中国家的城市一个样，大城市与中小城市一个样，城市内部与城市外部一个样。在大规模的急速的城市化与城市更新运动中，不被一致的平庸所湮没，保持并张扬自己的个性与特色，那么一座城市就很容易建立起自己的品牌。城市的魅力在于特色，而特色又根植于文化之中。文化遗产既是城市形态中最具活力的视觉要素，又是构成城市形象与气质的精神和灵魂。

城市重要的物质和文化遗产纵向地记忆着城市的文脉与传承，横向地展示着城市宽广深厚的阅历，并在这纵横之间交织出每个城市独特的个性。

总之，城市文化遗产的一个最大特点是随着时间的推移，随着岁月的久远，随着城市经济发展和整个社会的富裕，其本身的经济价值、社会价值和文化价值会日益升高，逐步成为一个城市的无价之宝。

有些专家指出：在人均 GDP 达到 3000—8000 美元时，经济进入高速增长期，这也是城市的快速开发期。这一时期是历史文化遗产最易遭到破坏、历史文化遗产与城市开发之间矛盾最尖锐的时期。我国多数城市就处于这一时期，屡屡上演为了短期的城市开发的眼前利益而毁掉异常宝贵的历史文化遗产的悲剧。

一个城市的特色由特殊的地理环境、自然资源和历史文化传统形成。城市特色就是一个城市永续的不可被复制的特殊优势和重要核心竞争力，可以使这一城市区别于其他城市。在城市更新中损毁、弱化和忽视城市这一特殊点，就是在自觉不自觉地失去其独特优势和核心竞争力。

因此，城市更新必须保护城市文化遗产，而不是损毁城市文化遗产，必须突出和强化城市特色，而不是削弱其特色。这应当是城市更新必须遵守的不可动摇的原则。

第二节　城市更新管理的根本方向与利益机制

一、城市更新管理的根本方向

管理城市更新，必须考虑到经济和社会发展的大环境和大方向，必须顺应科技革命的大趋势，适应社会转型、经济转型、文化转型和体制转型。

（一）必须适应整个社会的大趋势

一是市场化。从城市拆、改、建的巨额投资与创造的旺盛需求来看，城市更新已成为整个国民经济中的重要部分和市场经济中越来越重要的有机组成部分，其治理也必须而且只能在市场经济改革大环境下找出路，必须顺应市场经济大趋势，立足市场化取向。

二是转型化。城市更新中的问题和矛盾，带有体制转换和社会转型的鲜明特征，不能企盼一劳永逸。城市更新的治理，既不能超前也不能滞后于社会转型大环境，必须在社会转型和体制转换中逐步实现新旧运行机制的更替。

三是系统化。我国的城市更新是城市化与城市现代化交织在一起的长期持续过程，涉及许多领域、部门和利益群体。因此，城市更新的治理是个长期的系统化过程，不可能一个领域或一个方面孤立地、单项地解决问题，必须系统化思考、体制化创新，建立适应市场经济的城市更新治理模式。

四是多元化。市场经济和多元投资决定了城市更新机制必须是多元化利益主体全方位、实质性和全过程的参与。体制内多元主体的平等参与是市场经济条件下城市更新机制有效运行的基础性保证。

（二）必须厘清城市更新中的企业行为和公共服务的边界

一是减少政府部门的过多干预，打破城市更新中的垄断，让市场机制纠正由垄断造成的价格和利益分配的过度扭曲，恢复和引入市场竞争，让生产要素的价值和供求关系决定其价格，以实现其所有者、支配者、使用者、消费者的利益均衡，在公平竞争的市场环境中建立起城市更新中各社会群体的利益平衡点。

二是健康发展中介组织。适应市场发育的需要，规范健康地发展中介组织，切实推广和完善城市更新中的第三方评估制度。城市更新中的一个突出问题是在拆迁和建设的利益博弈中强势群体伤害弱势群体的利益，而弱势群体则选择极端方式进行抗争，造成矛盾激化，冲突不断。为此，必须规范社会中介组织的发展，确保其在城市更新中发挥正面效应，提高拆迁评估质量，矫正评估偏差，保障评估公正，树立第三方评估的社会公信力，逐步改善目前利益相关方行为不规范、信息不对称的混乱博弈局面。

（三）强化政府管理

城市政府要顺应社会转型和经济体制的转换，完成在城市更新方面的自身职能定位，强化政府管理城市更新的公共属性。

一是城市规划主导城市更新。城市规划是城市发展和城市更新的"宪法"或"根本大法"。遵守城市规划、维护城市规划、落实城市规划，这是城市政府的本位要求，也是公共管理的重要体现。治理城市更新乱象，必须依据城市规划。城市更新实质上是城市规划落实和实现的具体过程，城市规划的质量决定着城市更新的质量。科学性是城市规划的生命和城市规划权威性的基础。为此，必须充分公开城市规划制定的过程和信息，确保社会各界公众的实质性参与和规划专家的核心作用，提高城市规划的科学性。此外，必须维护城市规划的严肃性，提高规划的法律地位，突出城市规划的刚性约束。城市更新必须遵守城市规划，在城市规划范围内实现，违背城市规划必须受到惩处。

二是利益主体监管到位。在城市更新中，全局利益和长远利益的利益主体必须监管到位，即国家层面的监管必须到位。违背规划的乱拆乱建和对城市规划的无休止调整说明：仅靠城市规划的审查批准来实现国家层面对城市更新的监管已经远远不够。国家层面的监管必须落实在城市规划的制定、实施、调整、遵守、检查和违背惩处的整个过程之中，确保全局利益和长远利益在城市更新中的客观体现和切实维护。像大气环境治理和对土地等不可再生资源的保护，对高耗能高污染产业的限制和对城市名胜古迹以及传统特色的保护等，一旦与地方经济发展相冲突时，一些城市政府会毫不犹豫地选择后者而放弃前者。这时，国家层面的意志在确保城市更新的科学实施方面就变得格外重要。因此，国家层面对城市更新的管理和参与必须是直接的、刚性的、有形的和问责的，要切实明确各自的责任和权限。此外，在城市更新中，必须确保其他相关群体利益要求渠道的体制性畅通和维护利益的手段有效，实现利益的公平调整和物质转换高效率，使城市传统文化特色得到切实保护。

三是发展公共财政，有效提供公共物品。在努力发育和完善城市更新的市场体系，促进企业之间和企业与居民之间公平竞争的同时，城市政府应把有效提供公共物品作为自身在城市更新中的主要责任，如城市基础设施、社会治安、环境保护、节能技术推广等。政府应从与企业争利、与居民争利转变到为企业、为居民提供公共服务的角色上。

二、科学构建城市更新的利益机制

参与城市更新的利益主体，在特殊性利益驱动下的行为选择往往具有不确定性和个别性，即使利益主体对自己的行为进行选择往往也是按照既定的规则，因此，政府作为主要的制度供给者和规则制定者，如何调整利益主体的利益进而实现利益机制的合理运行就显得至关重要。构建科学合理的利益机制，不仅要明确利益主体的权限，还要做到激励相容，使利益主体既能够得到完成城市更新目标的激励又有获得城市更新效益的动机。在利益机制的调解下，消除消极行为动机，矫正不当行为选择，保障城市更新社会福利输出目标的最大化，在过程中解决城市更新中暴露的社会问题。

（一）矫正地方政府的利益追求

地方政府在城市更新中居于主导地位，一个城市发展的关键在于城市政治行动者的理性选择。符合城市更新及地方发展长远利益的行为动机是优化政府行为和克服"行政惯性"的关键。一个好的选择是将地方政府利益纳入公共利益的框架内，形成多种利益主体、利益均衡博弈的"多中心"模式。在地方政府集体利益之下，对于次级利益主体——政府官员个人利益过度追求的限制也是必要和必需的。布坎南认为："对于政治家和政府官员，如果要适当地设计出能制约赋予他们的权力和他们在这些权力范围内的行为的法律——制度规则，就必须把政治家和政府官员看作用他们的权力最大限度地追求他们自己利益的人。"在正确"政绩观"的指引下，使官员即使从自身利益出发也会选择对委托人最有利的行动。通常情况下，社会公众作为委托人观测代理人——地方政府和官员行为的结果是显性的，即我们所说的政绩或功绩。但是由于公共行为在大多数情况下具有劳动行为集体性、客观环境不确定性和复杂性，加之公共行为服务对象的多元性，所以很难监督政府行为的个体差异和努力程度，也就很难制定一个统一明确的标准以衡量政府官员的具体功绩。在当前的评估机制中，负责评价政府官员行为及功绩的一般都是直接的上级，他们在评价时往往靠个人经验、私人感情将硬性的经济指标作为主要的评价依据。在此情况下，国民生产总值、经济增长率、税收等量化的经济指标就成为地方政府绩效评估标准的核心。这种简单化的评估办法与短期任职相结合的利益机制使得政府官员的时间"贴现率"高于社会发展的时间"贴现率"。其结果必然导致官员强烈的时间偏好，使他们过度追求短期行为和政绩工程。避免官员的"政治经济周期"，实现激励相容和参与约束，需要建立以民众本位和公共利益为价值导向的绩效评估体系。

第一，评估过程。绩效评估过程应按照科学发展观的要求，合理配置指标权重系数，避免过分突出 GDP 等硬性指标。综合考虑与经济发展相应的人口承载力、资源支撑力、生态环境和社会承受力等关系社会稳定和公平正义的隐形指标。亨廷顿曾经指出："政绩的合法性在第三波新兴民主化国家中扮演着一个重要角色。"其中社会发展状况指标可以分为城市人民生活水平指标、城市社会保障指标、城市公益事业指标三大类。西方国家对此有比较成熟的经验可以借鉴，如衡量一个城市公共卫生医疗水平，往往采纳万人口拥有医生、护士的比例，社区医院覆盖率，传染病、职业病和地方病发病率等作为评价依据。

在评估过程中，要做到以下几点。一是指标体系要以定量指标为主，对难以定量的定性指标加以分解，增强其精确性。如对政府服务态度的评价，可以通过随机抽样中群众填写的调查问卷或评分表以及分析群众上访量与其他社会调查等方法进行。二是做到短期绩效与长远绩效的有机统一。在绩效考核中要把公众满意度作为首要的衡量标准。以衡量一个特定更新项目为例，可以采纳环境综合指数、居民住房水平等作为评价依据。通过民意调查了解普通公民的利益需求与政策建议，了解普通公民对政府行为绩效的评价。评价的基础数据通过完善评估信息融通机制，多渠道收集、公开评估信息，确保评估能够真实反映公众的价值偏好。三是评价过程应公开、透明。这样可以有效地防止暗箱操作，也可以增强民众的知情权和满意度。

第二，评估主体与评估方式。城市更新的主体具有多元化的特征，其行为选择也具有复杂性，因此在选择评估主体和评估方式时要注意以下两点：一是根据评估内容的不同、评估对象的特性选择不同的评估主体。二是根据不同的情况选择不同的评估方式，把自我评估与上级评估、下级评估、同级评估、群众评估、专家评估有机结合起来，整合不同评估主体的优势。区分评估主体和评估方式的优势在于能够在一定程度上矫正评估的动机，减少事实上评估主体缺位的问题，保障评估的公正性。

第三，评估结果的运用。其关键是要把评估结果与评估对象的利益挂钩，以此形成有效激励。地方政府绩效评估结果运用于：①检验政府组织是否达到了预定目标，根据政府组织的发展战略和绩效评估结果，调整绩效目标、工作思路和工作举措，为下一轮绩效评估循环设立绩效评估指标和标准。②推进政府绩效预算管理。政府应该优化基本支出预算、优化项目支出预算、增强绩效预算执行的刚性。③坚持"看实绩用干部"的用人导向。④建立健全评估责任机制、评估申诉机制、评估监督机制。

（二）矫正投资开发商的利益追求

作为更新项目的直接实施者，投资商及其利益需求对城市更新利益机制长远、有效地运行具有重要意义。地方政府与投资商之间的密切联系使得投资商的利益诉求具有特殊性。但是，在科学有效的绩效评估体系的激励和约束下，地方政府会主动为投资商设计有效的评估指标，一方面积极推动开发商与公众之间的谈话，另一方面做好对开发商执行获得项目合同的监督与检查。例如，在城市更新中，以拆迁公众的满意度作为项目成功与否的标准。对"优秀"的投资商提供优惠的政策，保证其投资回报率。对"不合格"的投资商一票否决，建立企业黑名单，追究其相关责任。以拆迁担保制度为例，目前，拆迁人按开发商意愿或想在短期内完成开发商提出的拆迁工作，常常以粗暴违法的行为进行拆迁。建立担保制度在很大程度上可以制约拆迁人的违规行为：拆迁人拿出一定资金作为拆迁担保，当拆迁人在拆迁过程中出现违反拆迁协议或有关法律规定的行为，担保金优先用于补偿受害人。此外，在商业拆迁中，被拆迁人可以适当参与，即当房屋开发商取得拆迁许可后，委托拆迁单位进行拆迁，这时开发商应当及时告知社区公众拆迁单位的详细情况。如果被拆迁人认为开发商选任的拆迁单位资质不够或有违法拆迁记录而不认可时，可与开发商协商另选择拆迁单位。

不仅如此，以设租、寻租行为作为诱因的利益低于预期收益时，政府和投资商都会选择符合委托人目标的行为。在现实的城市更新项目中，特定的投资开发商与地方政府的特定部门结合，形成了事实上的垄断。从长远来看，为限制开发商的利益过度膨胀，必须从城市更新的全过程限制投资商的预期利益。以房地产评估机构为例，目前大多数房地产评估机构是依附于行政权力而存在的，同时又与投资商关系密切。这些房地产评估机构出具的评估报告带有浓厚的行政化色彩，所运用的评估方法有时与市场化的要求不相符，有时与相关的条例不相符，甚至还会出现评估方与投资商串通做虚假评估等情况。因此，建立一支专业素质高、责任心强、高水平的评估队伍，由专业性、科学性的评估机构出具中立的、权威的、有公信力的评估报告是十分重要的。

（三）利益主体间信息共享

主体间共享信息的本质是实现信息区间的对称和信息成本的最小化，即让行为主体以最小的成本充分获得对称的信息。这是社会资本升值的一种表现。一方面主体间的协调行动有助于避免市场失灵；另一方面政府搜寻政策信息成本的降低可增强政府政策的科学性和快捷性。良好的信息沟通和有效的信息传递可以减少交易费用，形成多方共赢的局面。因此，完整的信息公开制度，对于明确利益主体的地位，规范利益表达的规则和程序，调动利益相关者参与到城市更新的全过程具有重要意义。

国外成功的经验说明有效的听证会是保障弱势主体利益的必要手段。一般来说，听证会的程序包括以下几个步骤。

首先，事前公示。更新项目议题应依据当地经济发展规划和城市规划要求，提出具体的改造和更新方案，明确拆迁的范围和时间期限。相应的经济技术指标如容积率、绿化率等提前向公众公告并长时间公示，方便公众准确获得资料信息。如果涉及大型项目，政府应对该项目对社区和环境的潜在影响组织评估和论证，并将评估报告公布。社区影响报告包含：项目可能增加的各年龄组的人口数量；现有市政设施和公共设施可利用程度和所面临的新要求；道路系统情况；社区财务影响分析。环境影响报告须证明符合下面三项要求方予批准：

一是不会对环境造成明显破坏；二是有对区域资源保护的构想和设计；三是不会对可用于该项目以及将来任何项目的整个资源提出不相称或过度的需求。

其次，决策公开。主要包含以下内容：利益主体共同参与、保持适当比例；完善公平公正的参与细则，包括参与的范围、方式、基本步骤、参与途径及其保障等；增加规划政策提案的来源，最终规划政策的备选项都以公共行为归宿和公共利益为基本点；尊重规划专家和法律专家发表的建议。

最后，鼓励参与监督。在信息充分的条件下，增强公众的有效监督能力，使各个利益主体严格按照规则行事。

（四）发展社区建设

在城市更新过程中，应积极推进社区组织建设，拓宽社区公众的利益保障渠道，充分发挥社区力量。社区即由一定数量的居民组成的、具有内在互动关系与文化维系力的地域性的生活共同体。地域、人口、组织结构和文化是社区构成的基本要素。滕尼斯认为一个社区应满足以下几个条件：一是特定的地域空间。这个地域空间的界限是目力可识的，或者是心理可识的。二是特定的人群。这个特定的人群有一个界限，如果范围太大，就会出现匿名性，难以形成生活共同体。三是居民之间有共同的利益与意志，社会联系比较紧密，是一个利益共同体。信息时代的到来和互联网技术的发展，使公民能够更快捷地获取城市更新的相关信息。同时，公民可以借助社区组织以及其他的相关渠道以较低的成本表达自己的利益偏好，更为灵活、积极地维护和争取自身的合法利益。目前我国的居民自治组织主要有两种形式：一是城市居民委员会；另一个是业主委员会，存在于商品化的住宅小区。

经过几十年的发展，我国的社区建设和发展已初具规模，但暴露的问题也很明显。比如，由于特殊的国情，我国社区的领导者往往与行政机构相互交叉，社区建设带有浓厚的行政色彩。另外，公众对社区建设的认同度和参与度远远不够。专业的社区工作者在我国发展还不是很成熟，即使有的社区配备了专职的社区工作者也主要是完成上级政府布置的各项指标性的工作。20 世纪 80 年代，英国学者托马斯对社区工作的目标又做了较为具体的划分。他认为，社区工作可以划分为"分配资源"和"发展市民"两大类目标。所谓分配资源就是指社区工作者就市民日常关注的问题，组织社区居民有效地保护自己的合法权益，从而使社会资源能够得到合理而公平的调配。所谓发展市民，就是指社区工作者有责任促进公民权的发展，让他们充分认识到自己在政治参与中的重要地位。

社区自治有效地增强了社区公众在城市更新三方博弈中的力量。地方政府应当以法律法规的形式积极推进社区建设的步伐。政治当权者在增进公民权的过程中还应该有理由给予这些权利以法律的以及道德的力量，应该激励他们认真对待权利。一方面，社区作为主要的渠道，收集公众利益诉求信息，构建社区公众与政府部门之间的桥梁，鼓励公众对城市更新从决策、实施到监督的全过程参与。社区组织是通过协助居民克服和冲破其无能感去解决问题，而社区发展主要是进行居民授权，通过组织居民采取集体行动的方式去控制和影响社区内一切事物的程序、计划、决定以及有关政策。另一方面，有效的社区构建使社区内资源得到有效整合和充分利用，满足社区居民的利益诉求和期望。当城市更新在侵害到公共利益时，社区组织成为具有共同利益的、力量分散的个人所组成集团的依赖。通常在这种情况下社区组织总是具有进一步增进共同利益的倾向，使社区公众在共同价值观基础上形成一个更紧密的联系状态。

第三节　城市规划的重要作用

城市规划是城市发展的总体蓝图和"宪法"，一切城市更新和城市建设都必须依据城市规划而行。科学的城市规划得到最有效的贯彻实施，是城市更新少走弯路、减小城市发展代价、化解群体间冲突、提高城市发展效率、在城市发展中实现公平正义的基本保证。

一、城市规划在城市更新中的"宪法"地位

关于城市规划的实质和含义，何其松、刘子奎在《城市规划管理》一书中写道："城市规划是一种关于如何使城市经济、社会、文化、科技发展在城市空间达到和谐协调的'美的秩序'的空间艺术，既要反映经济、生活的发展，又要反映历史文化、环境关系、地方特点、民族传统和城市的个性特色，是塑造城市形象、增添文化色彩的重要艺术手段。"美国城市管理专家则认为：城市规划是一种科学、一种艺术、一种政策性活动，它设计并指导空间和谐地发展，以满足社会与经济的需要。城市规划在本质上属于行政规划的一种，是人类为了在城市的发展中维持公共生活的空间秩序，以规划权的实际运用做出的未来空间安排。

城市更新建设，必须规划先行。规划是城市建设的依据，是城市建设的"宪法"。市政基础设施、城市广场、社区街道、景观绿化等一切都应纳入城市规

划的行列中。建设城市规划设计不仅体现设计的人性化的方向，担负着创造舒适的人居环境的责任，同时还要与不同的地域特色相契合，即要科学分析城市的历史、地理、经济、文化等条件，为城市健康和谐发展提供条件。城市更新改造是整个社会改造的有机组成部分，就其物质建设方面而言，从规划设计到实施建成将受到方针政策、行政体制、经济投入、组织实施、管理手段等诸多社会因素的影响，在人文因素方面还与社区邻里特定的文化环境密切相关。

城市更新必须在规划控制下，科学地、有序地、渐进地推进。城市更新涉及面广、影响因素多、情况复杂，稍有不慎，就会造成无法挽回的损失，因此，必须综合历史与现实的眼光，具有发展和创新的精神，在长远的考虑下综合分析和考量问题，制定城市更新规划。城市要更新什么，更新的手段是什么，需要保护什么，运用哪些手段去保护等问题，都要经过充分的科学的论证，总之就是要求在综合、全面、科学的基础上编制出完善的更新与保护规划，使城市的更新与保护都纳入法制的轨道。

城市规划是对一定时期内城市的经济和社会发展、土地利用、空间布局以及各项建设的综合部署、具体安排和实施管理，是建设城市和管理城市的基本依据，为城市更新提供了基本依据和前提，是城市更新的准则。如果说宪法在法律中具有根本大法的地位，那么城市规划可以说是城市更新的"宪法"。

二、城市规划是解决纠纷的依据

中国现阶段城市更新的实质是基于工业化进程开始加速、经济结构发生明显变化、社会进行全方位深刻变革这一宏观背景下的城市物质空间和人文空间的大变动和重建构造。它不仅面临着过去大量存在的基础设施的物质性老化问题，而且更交织着结构性和功能性衰退，以及与之相伴而来的传统人文环境和历史文化环境的继承和保护问题。

在城市建设的过程中，有纠纷是必然的，而在某种程度上，科学的城市规划、具体的城市更新思路可以解决一些不必要的纠纷。近年来，由于一些不合理的城市规划，出现了一些如挖地造湖、填土造山等人造景观现象，这些都属于重"形象建设"而忽视"生态建设"的工程，带来的不仅是安全隐患和资源浪费，对生态环境也造成了不利影响，因而造成了市民的不便，导致了一些不必要的纠纷。

第六章　城市街景营造

第一节　城市街景规划与设计理念

一、城市街景规划

随着人们生活水平的提升和城市化进程的加快，街景规划对于城市发展有着越来越重要的作用。街景主要由沿街建筑形成。在当前的环境下，探讨街景是一个重中之重的话题。

（一）城市街景的地域表现

街道是每个人的必经之路，所以街景需要我们认真规划和设计。城市的风格和整体面貌的不同，也代表着街景的风格和整体的走向。有的国家对于街景的规划十分讲究和重视，对于周围环境的布置有一定的设计。

一个城市是一个多种要素的综合体，它除了拥有居住区外，还必须拥有工业、商业、文教、娱乐休息以及行政办公中心等。一般情况下，它们可能成区或成街布置。我国地域辽阔，南北方城市街景各具特色。例如，浙江绍兴市是江南水乡城市的典型，街道多与城市的水网相结合。四川重庆沿江傍山而建，街道多根据地势起伏形成独特的山城特色。

（二）"街"与"坊"的理解

在城市建设中，街景中出现问题的主要原因，在于街与坊脱节，规划中缺乏整体性，独立的街与闭塞的坊相脱离。它们之间的关系是隔绝的，不是相互补充和促进的。这种相互隔绝分裂的布局形式使空间丧失了流动性和有机性，也丧失了主要的街坊功能上的实用性。

在城市的规划结构中，街坊的功能以及形式是重要的组成部分。街道肩负着梳理城市流线以及连接居民生活的重要功能。在国外的城区规划中，常常以街道为界，构成一个环境区域的居住综合体，街道与居住区是一个完整的生活单位，并且具有一定的独立性。街坊构成一个有机的共同体，便于居民的生活及工作。由此，沿街建筑群应该与"坊"的建筑群有机地结合起来。

（三）街景与文化的结合

古今中外，建筑与文化是息息相关的。二者的关系备受关注，并且值得讨论。建筑是一个城市的一幅肖像、一面镜子，它以一种凝固的美来诠释一座城市的文化。文化的渗透与滋养使得建筑在不同的时空里焕发着无限生机与活力。文化的内容与时代、地域等因素密不可分，建筑与文化的关系也应放在具体的历史与地域中去把握。我们也应该在建筑与文化的关系中关照历史、反思当下，使建筑真正成为文化的肖像和镜子，成为我们不断前进与不断丰富的里程碑。

二、城市街景设计理念

随着我国城市化进程不断加快，城市街道空间边界迅速扩展，与人们生活的联系也日趋密切。城市街景作为城市居民日常活动的公共场地，不仅是城市历史文化的传承，更是城市形象的代表。笔者在城市设计的理论框架下，着重探讨街景重构设计问题，针对当前城市街景设计存在的主要问题，提出符合城市发展的街景重构设计思路，目的是推动城市街道空间向着现代化、可持续的方向发展。

（一）城市街景设计现存问题

当前，我国各个城市所处的发展阶段不同，城市街景设计面临的问题也不尽相同，但是也有部分问题是共性的，例如城市道路上汽车停放乱象、交通高峰时段道路拥堵现象、非机动车区域划分不合理现象突出，这些现象都对城市街景产生了负面影响。具体而言，城市街景设计现存问题主要有以下几方面。

1. 街景与城市景观不协调

近年来城市街景设计开始受到重视，各地区纷纷开始尝试建设特色步行街、历史文化街等。然而由于缺乏整体性规划思维，在设计实践中往往出现在参差不齐、类型不一的城市建筑中，搭建出一条与周围城市景观不符的人造历史文化街，这在导致周边交通情况变得更加复杂的同时，也造成了街景与城市景观不协调的问题。

2. 街道建筑用地管理混乱

在街道建筑用地管理上，部分街道由于历史经济发展原因，存在占道经营

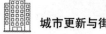

的问题，而占道经营就会出现买卖双方的车辆乱停乱放的现象，久而久之城市原有布局变得日趋混乱。同时，由于旧房改造、管道改造等施工，沿街人行道上搭建起变电箱、临时用房，不仅影响了当地居民正常生活，而且对街景产生不良影响。

3. 街景特色不够鲜明

当前在打造城市街景的过程中，城市多采取商业化为主的模式，建立商业步行街、仿古建筑的历史文化街，这些商业街形式千篇一律导致失去了城市本身的特色。仿古建筑的历史文化街如果本身没有历史背景就会显得十分突兀，不仅如此，当地居民与商业化的街景距离也会日趋疏远，难以实现人文特色与街景特色并重的目标。

（二）城市设计理论下的街景重构设计思路

1. 因地制宜重塑街景

城市设计理论首先强调因地制宜，根据当地的自然条件和人文环境有针对性地重构街景，一方面从老旧街景重构入手，灵活区分快行和慢行线路，尤其对于非机动车行驶的区域进行严格划分，同时利用城市中小面积的闲置区域建造居民娱乐休闲设施，让居民与老旧街景更好地互动与融合；另一方面，利用城市设计中流线型布置的思想，在新街区尝试空间收放的设计，例如打造曲径通幽的小巷、S形的路段，避免过多直线带来的单调感，形成有效的街景视觉冲击，同时也有助于减缓车速、提升司机对于路况的警惕度。

2. 多元包容满足居民需求

城市设计理论框架下，城市设计本质并非仅仅建造出惊世骇俗的街景，而是让街景与当地居民形成情感互动，让街景成为居民的情感寄托，让居民成为街景的一个重要组成部分。因此，在街景重构的过程中，需要秉持多元包容的原则，满足居民的各类生产生活需求。例如，当前外卖、快递已经成为城市生活中的新趋势，而外卖和快递人员多利用非机动车作为主要交通工具，这使街道空间混乱的问题愈加严重。我们应当在街景重塑的过程中开辟非机动车停靠点，同时设立代收点等便民服务设施。

3. 打造有活力的特色街景

城市街道作为城市发展的重要组成部分，深刻参与到城市从历史到当下的发展过程，承载着当地居民的生活，串联起居民对于城市的美好记忆。城市设计理论下的街道重构设计还应当发掘当地特色，从人文、历史、情感纽带等角度入手，通过访谈老街坊邻居、查阅当地风物志等形式，深入调研当地历史文化背景，发掘当地文化记忆。在此基础上，有活力的特色街景也离不开当地居民。特色街景初稿应当充分公开地征求意见，这样一方面减少由于街区施工等问题导致的社会矛盾，另一方面也让居民对于街景有参与感，提升主人翁意识，在未来的生活中也能够与特色街景更好地融合，形成良好的人文氛围。

通过上文对于街景发展现状的分析不难发现，当前重构街道景观对于提升城市风貌、保障居民生活品质等领域具有积极意义。我们应当结合当地的历史文化背景和天然地理环境，从因地制宜重塑街景、多元包容满足居民需求和打造有活力的特色街景等方面入手，在城市设计理论的指导下，充分统筹规划开展街景重构设计，推动城市走向现代化。

三、城市街道景观设计的原则

适宜步行是城市街道设计的底线。这里的适宜步行是指在街景设计中要打造民众乐于步行其间的街道。换一种说法就是，这些场所要有轮廓，要舒适、安全、联通、有趣及有记忆点。

有轮廓是指街道要有空间围拢感，可以通过树木和建筑的组合，使街道构成可以辨识的户外房间。当建筑之间过于宽阔，无法带来围拢感时，或当墙壁上有缺口时，可利用街道树来框定空间轮廓。舒适是指城市街道环境宜人。炎热的时候有树荫，寒冷的时候可以沐浴阳光。当人们在城市中步行时，几乎无须停下脚步思索，很快便可以估量出周围的危险程度，并指引脚步走向安全的地方。研究发现，充满门窗、店面的街道相比空白墙壁围合而成的街道，会让人更有安全感。步行者会挑选通往目的地的路径。如果街道的通达性非常好，是一张完整的道路网络，那么步行者通往一个目的地就可以有多种路径选择。好的街道应是系列分明的路段，不同的路径可以带来不同的体验。

第二节 城市商业步行街景观照明设计

商业步行街主要位于城市中商业活动较为集中并且拥有便利交通设施的地区，以零售业、服务业、餐饮业等商业性质的商铺为主体，形成具有一定长度、集购物、饮食、娱乐为一体的步行街道。其不仅在白天是人们休闲、娱乐的公共空间，夜间也是人流集散的重要场所，因此，营造良好的商业步行街夜间光环境十分重要。笔者从建筑环境的艺术与技术角度出发，分析商业步行街照明设计对城市夜间景观的影响。

一、城市商业步行街景观照明设计的必要性

美丽的灯光夜景是城市现代化的重要标志和城市繁荣的特征。夜间照明设计作为环境艺术的一项特殊要求，其意义是其他任何环境设计形式都无法替代的。对城市步行商业空间的夜景照明进行统一的景观艺术设计，营造丰富多变的灯光环境，不仅能丰富整个城市的夜景空间，增加城市的艺术魅力和文化氛围，同时还有利于城市形象的加强和改善。经过合理规划设计的商业步行街照明，可以改善夜晚"光污染"的问题，并且能够在保证足够照度的基础上，实现绿色照明、生态照明。

二、商业步行街景观照明与城市照明的关系

商业街景观照明是一种渲染气氛、美化街道的装饰性照明，是地区文化素养、科技水平和经济实力的一种体现，为人们日益丰富多样的夜生活提供了舒适和谐的空间环境。人们在购物的同时，可享受交流、娱乐、休闲、旅游、观光的乐趣。步行街照明设计包括室外的店面、招牌、广告、建筑、街道及园林的照明设计，注重由亮度和色彩的对比表现光的和谐，而不是照度值本身。景观照明运用光线的强弱变幻、色彩搭配、强光照射等特点，产生奇幻的效果，使城市环境在黑夜降临之后熠熠生辉、光彩夺目，淋漓尽致地表现出其特有的风格，从而产生巨大的社会与经济效益。

商业步行街景观照明与城市照明的关系主要体现在四个方面。

第一，商业步行街景观照明应符合城市照明规划的要求。作为城市照明的一个组成部分，商业步行街景观照明设计必须在城市照明规划的指导下进行，服从城市照明规划所提出的各项安排。

第二，受城市其余空间照明基调制约。商业步行街灯光照明与城市广场、园林等空间个体共同构成了城市的夜间光环境，所以，必须充分考虑城市中其余空间光环境的基调对商业步行街灯光照明的影响和制约。

第三，受城市原有地区文化属性制约。在现代城市建设中商业街空间尤其要注意与所在城市文化属性的结合。在商业步行街光环境规划中要着重突出传统建筑特色，在保护城市传统文化的同时，适应现代价值观念的变化，塑造有特色的城市景观。

第四，受城市规模和经济能力制约。不同经济实力的城市，其规划设计的标准不同，甚至同一城市在不同的经济发展时期，其标准也不相同。城市的发展变化给其自身不断注入新的机能和内涵，在城市商业步行街光环境规划中，应考虑到发展的因素，确保提出的各项标准能逐步实现。

三、商业步行街的环境要素及空间分类

（一）商业步行街的环境要素

从商业步行街的构成分析，主要由商店、步行空间、步行至车行的过渡空间以及公共设施组成。商业步行街的环境构成要素主要有以下几方面。

①店面展示。由广告、招牌、橱窗陈设等组成，有传达商品信息、宣传品牌信息、刺激购物欲望、吸引顾客入店购买等作用。

②街道设备。由休息、卫生、信息、安全等公共设施、设备组成，其作用是提高环境使用的舒适度，建立人与空间的联系，建造人性化的设施以满足不同客户的需求。

③绿化景观。由树木、花坛、水景、草坪、雕塑等景观组成，起着美化环境、功能分区的作用。

④标志信号。由定点标志、定向指引系统、报时装置等组成，其作用是识别城市功能、引导游客、提供时空认知坐标。

⑤过渡空间。由拱廊、遮阳等组成，其作用是加强内外空间联系，丰富城市空间，加强街道空间"图、地"关系，打造街道景观特色。

（二）商业步行街的空间分类

按建设模式，可分为保护和更新传统历史商业街区，改造原有旧的商业街区，结合城市局部交通、人防等需要改建的步行商业空间，开辟新的综合步行商业空间。

按交通限制分类，可分为全封闭式、运转式、半封闭式、立体交叉式。

按基本空间形态分类，可分为点式空间、线性空间、片或面式空间、综合性空间。

四、商业步行街景观照明的设计原则

（一）安全原则

商业步行街夜间人流量大，其中所布置的照明灯具不少是人可以直接触及

的，例如，休憩绿地花坛中的低矮照明灯具和一些主景植物、主题雕塑所使用的地面投射照明灯具。考虑到人为破坏及安全性，必须选用较高防护等级的室外灯具。可根据周边景观环境选择非标装饰灯，这样既能起到照明效果又可达到艺术小品的观赏要求，兼具观赏性和安全性。另外，步行街景观灯具可不采用传统的玻璃或有机罩，而选用高强度及高透光的树脂外壳，既美观又耐用。

（二）生态原则

生态原则的本意是要求照明设计师更多了解生物，认识到所有自然环境下的生物互相依赖的生存方式，将各个生物的生存环境彼此连接。这实际上要求设计师要具有整体的意识，小心谨慎地对待生物、环境，反对孤立的、盲目的夜间光环境整治行为，不能把生态理念简单地理解为大量种树、提高绿化量。在城市商业步行街景观照明设计中，需要运用生态学理论，结合步行街绿地中动植物的生理、生态习性，研究各种照明光源以及照明方式对生态环境的影响，选择绿色环保光源，最大限度减少照明工程对自然生态的破坏，尤其是对动植物的影响。

（三）人性化原则

"人"是光环境中的第一主角，因为所有的景观照明都是为了让"人"观看、体验的，所以在从事步行街照明设计时，应该时时以"人"为出发点。如果能够兼顾以上所列的因素，相信这样一个空间的照明就已经与"人"产生了关联，让人开始想亲近、端详、感受其所表达的意象，于是照明赋予了城市商业步行街新的生命。现代城市步行街是夜间城市居民主要的活动场所之一，照明设计方案除了满足人们基本的夜间活动，还要考虑到过度照明造成的视觉负担及对身体健康的影响。

（四）城市文化特色原则

每个城市文化都有其鲜明的历史痕迹，传统的历史文化影响着当地人的审美心理与审美喜好。城市商业步行街固然有向游客展示当地城市社会文化面貌和发展旅游事业的作用，但使用最多的还是当地市民。因此，城市商业步行街景观照明的规划、设计、营造必须首先充分考虑本地市民的生活习惯和欣赏习俗。有调查显示，北方人比南方人更喜亮，也许是因为北方夜长些或南方天气较热的缘故，例如，在南方园林里幽暗微亮处使人感到凉爽轻快，反而更吸引人。所以，照明设计应立足于地方文化，发挥灯光的表现力，选择不同的灯型、光源、光色和艺术照明手法，充分展现商业步行街夜景的地方特色。

五、商业步行街景观照明的设计方式

商业步行街的景观照明必须营造良好的城市商业气氛，提供休闲、购物、游玩的舒适环境。在此基础上，商业街景观照明载体可以分为建筑照明、构筑物照明、绿化植物照明等，照明方式基本为投光照明、轮廓照明、内透光照明、特种照明等。

（一）建筑物照明设计

建筑照明与其他元素照明的不同点在于，在原有建筑物的基础上通过照明的亮度变化、色彩变化来展示建筑物的特点，规划时必须对建筑物的风格、结构特点、表面装饰、建筑周围环境等情况进行综合考虑。

1. 景观的整体效果

店面与建筑立面不能单纯考虑所涉及的一幢建筑或几个面，要考虑沿街的景物和店面与店面的连续性及其整体效果，营造协调的气氛。景观的整体感是靠共性体现出来的。

2. 景观的层次感

层次感是指景物空间中，主景与配景之间的关系。层次感的产生，可以通过虚实、明暗等多种手法体现。要考虑建筑本身的造型，结合周围环境进行总体规划和设计，还要考虑建筑与空间的关系，互相配合、互相渗透。建筑位置与朝向要与周围环境形成巧妙的配对，扩大空间感，使之更科学，更具艺术魅力。

3. 突出重点

商业街景观照明，在保证建筑整体效果的同时，应尽可能清晰地展示建筑物关键部位的结构和装饰细节的特征，烘托主题，在高楼林立的商业步行街上给人眼前一亮之感，引起游客注意。

（二）构筑物照明设计

构筑物照明一般以泛光照明为主，为了表现与整体设计协调一致，必须掌握构筑物周围环境特点和相应小品的设计主题，以及主题照明预期的艺术效果。利用环境障碍物，如树木、篱笆、围墙等，使之成为投光灯设施的装饰部分。为表现庄重雄伟的气氛，加强观赏效果，要在雕塑或纪念碑及其周围进行照明，这种照明主要采取投光灯照明方式。在照明设计时，应根据所希望的照明效果，确定所需的照度和照明安装位置。构筑物邻近的任何一片水面均可以利用，如水池、人工湖等，设计时可将水作为一面镜子，让投光的构筑物倒映在水中。

（三）植物照明设计

树叶、树木以及花草植物以其舒心的色彩、整齐的排列和自然的形态成为商业步行街中不可缺少的组成部分。在夜间环境下，照明能够延长其发挥作用的时间，甚至使植物更美。植物照明应遵循的原则为：根据植物的形状和在空间的位置进行照明设计。对叶色较淡和耸立空中的植物用强光照明，突出强调，形成轮廓。不应使用光源去改变植物原本的颜色，但可加强植物的轮廓，引人入胜。照明应随季节的变化而变化，也要根据植物的生命周期变化而变化。树木的投光照明，投光灯一般放置在地面上，根据树木的种类和外观确定排列方式，突出树木造型，便于人们观赏，形成景观造型，突出其艺术性和美感。

在现代城市中，灯光艺术在景观环境中的美化作用越来越重要，灯光艺术的应用，不但可延长人们户外活动的时间，增添城市活力，而且还能营造适宜的氛围，增强建筑物的艺术感染力，创造出意想不到的商业步行街景观效果。商业步行街景观照明要与城市的建设规划、当地人文景观及建筑师的构思融会贯通，并充分利用光和影、虚和实、动和静等现代照明技术手法展现一个有别于白天的城市夜景。用艺术思维、科学方法和现代技术，确定合理的景观照明方式和布置方案，并运用灯光的艺术表现力，使城市商业步行街环境达到理想的意境，创造出多姿多彩的夜间景观，使人们从中得到更多美的享受。

第三节　城市园林街景设计

一、园林街景的作用和重要性

道路是城市的骨架，而街道绿化是城市园林绿化的脉络，它直接反映了一个城市的精神面貌和文明程度，一定意义上体现了一个城市的政治、经济、文化总体水平。园林街景联系着城市中分散的"绿点"和"绿面"组成完整的城市园林绿地系统，具有改善环境、组织交通、美化市容等作用。园林街景同时成为建筑景观、自然景观及各种人工景观与城市之间的"软"连接。如今随着城市化进程的发展，人们生活质量不断提高，从自然森林中走出的人类，从潜意识来讲，必将回到它所熟悉的自然环境中去，"回归自然""以人为本"的理念表现得越来越强烈。作为自然材料引入城市人工环境的园林街景也面临着变革，不再是栽植几排行道树了事，它需要设计师面对复杂的城市环境条件，立足于园林街景的功能，满足园林美学要求，挖掘地方文化内涵，创造出丰富的表现形式，来适应新形势下的城市环境。

二、园林街景美的特征

优秀的园林街景应是时代性、地域文化性、自然环境性的反映，它依附于城市道路骨架，它所表现出的魅力，正是园林艺术本身的特色所在。优秀的园林街景表现出来的是生活美、自然美、艺术美等的高度统一。

（一）生活美

道路绿地可以阻挡灰尘、分隔空间、吸收有毒气体、降低交通噪声、降低辐射热、保护路面、组织交通等，冬季可防风，夏季可遮阴，还为人们提供户外活动场地等。可以说它无时不在造福于人类。若漫步在街道中，早春桃花报讯，杜鹃接踵，夏季广玉兰、紫薇盛开，秋季桂树飘香，驻足有座椅相靠，无疑是一种享受。

（二）自然美

园林街道最重要的素材是植物，而植物所表现出来的就是自然美。植物生长健康、生机益然，没有病虫害是自然美；千姿百态、姹紫嫣红、硕果累累亦是自然美。自然美在城市人工环境中起着其他景观元素不可替代的作用。如若还能恰到好处地借用一些自然素材，就更使城市增光添彩，如海滨城市的滨海大道，把海石、沙滩、自然之树融入城市街景之中。这些特色鲜明的自然景观，既是自然美的体现，又是城市园林景观的标识。

（三）艺术美

艺术美是源于自然美的基础上的，把自然美的景观因素加以提炼，形成具有艺术特征的美学题材。在园林街景的艺术美中，人工雕琢的内容更多一些。

三、园林街景的组成

园林街景的内容包括：人行道绿化带、防护绿带、基础绿带、分车绿带、交叉路口绿带、广场绿化、街头休息绿地、停车场绿化、立体交叉绿化、花园林荫道绿化等多种形式。在我国城市的道路中绿化带一般要占到总宽度的20%～30%。

四、园林街景规划设计的要点

园林街景规划设计的基本原则是：在满足园林街景的功能下，力求创造出优美的绿地景观；在城市的道路网布局中，充分考虑景观的多样化，结合城市绿地系统规划，力求一路一特色。

（一）保证必要的道路绿地率，满足绿量要求

我国现行的《城市道路绿化规划与设计规范》规定如下。

①园林景观绿地率不得小于 40%。

②红线宽度大于 50m 的道路绿地率不得小于 30%。

③红线宽度在 40m ~ 50m 之间的道路绿地率不得小于 25%。

④红线宽度小于 40m 的道路绿地率不得小于 20%。

（二）选择合适的园林植物，体现自然美

1. 行道树

人们谈到园林植物时首先会想到的是树木，而树木首要的又是行道树，一提到行道树就使人想起法国巴黎的七叶树，德国柏林的椴树林荫道，南京城郁郁葱葱的悬铃木和美丽多姿的雪松，北京城里挺拔的毛白杨、苍劲古雅的国槐……它们都使自己的城市富于特色。在注重特色的同时要避免绿化树种单一化，不要搞成"悬铃木城""雪松城""樟树城"。这不但给管理上造成困难，还会使人感到单调。一个城市应选择某几种骨干树种，分别布置在几条城市主干道上，同时也要有一些次要品种。例如，北京城区主要城市干道上以毛白杨、槐树为主，次要品种有油松、元宝枫、银杏、合欢等，这有利于在不同的道路条件下选择不同的树种，使城市面貌丰富多彩。

2. 其他乔、灌木，地被植物

园林街景的园林植物还包括其他乔木、灌木、地被植物，它们具有不同的树形、树干、树叶、花、果实、香味等。其中，利用树形造景的有垂枝型的连翘、蔷薇等，匍匐型的铺地柏、迎春、地锦等，攀缘型的凌霄、金银花、葡萄等；利用树干造景的有通直的椰树干、细柔的柳树枝条等。自然界植物叶形、叶色也千差万别，利用得当，则各得其所；花草、灌木更是姹紫嫣红，适当加以利用，会让人感受到自然的无穷魅力；硕果累累本身就是自然界和人类的杰作，更不用说其色彩各异、果形独特。

园林街景直接关系着街景的四季变化，要使春、夏、秋、冬均有相宜的景色，

应根据不同的视觉特性和视觉要求，处理好绿化的间距、树木的品种、树冠的形状，以及树木成年后的高度及修剪等问题。

3. 仿真植物

植物的造景价值是巨大的，但植物的应用也受到气候、土壤等条件的限制。所以，近年来，仿真植物也源源不断地出现于城市园林街景的建设中。

（三）讲究艺术处理，表现艺术美

在不妨碍街道绿化主要功能的原则下，适当考虑植物的配植艺术，不仅有助于绿地景观自身的艺术表现，而且有利于城市建筑的艺术表现，两者相得益彰，更利于产生优美的城市景观。

1. 变化与统一

街道两侧均为几何形建筑物，因此，配置形式宜以整形为主，在整形中寻求变化。就街道树的配置来说，变化最好是分段，同一段内，体型大小、高矮、色彩上均不宜变动过多。至于街心广场，既要重点突出变化，又要注意整体效果，不要过于琐碎。因为街道和街心广场绿地面积均不大，主要是作为人们移动中观赏的对象，小面积上短时间内变化过多，会使人感觉杂乱，而整齐规则、和谐一致、逐渐变化，则易与街景取得协调。

2. 色彩与层次

街道和街心花园、广场的绿化配置，既要做到气氛浓郁、效果动人，还应注意色彩与层次的配合。由于街道绿地面积都不大，在有限的面积中要注意树木的高矮层次及色彩的变化，如乔木、灌木、草皮相互搭配形成立体绿化。一般在配置时，高大稠密的居中，矮小整形在侧，色彩变化强烈的尽量放在边缘部分，层层环绕，层次分明，色彩丰富，易于取得预期效果。

3. 常绿与落叶的搭配

街道绿化不仅要注意夏季的庇荫，也要考虑冬季街景，即常绿树与落叶树之间要有适当的组合与搭配。一般可采取在落叶乔木旁配置一些矮小耐荫的常绿灌木。

4. 适时运用植物的色相、季相

将红叶李、鸡爪槭、红叶小檗等红叶树种成片栽植或植于绿树丛中，形成色块，会起到良好的美化效果。在滨河路种植桃树、柳树，初春桃红柳绿，树影婆娑，韵味无穷；夏季道旁灌木花开一路上伴人行走；秋来红枫黄栌变佳景；冬季绿树雪花入眼帘，真是四季景色美不胜收。

（四）注意园林街景与其他街景元素的协调

首先是与建筑的协调，路侧绿带选用的树木、花卉、草坪等应结合建筑群的平、立面关系、色彩等因素，根据相邻用地性质、防护和景观要求进行设计，并在整体上保持绿带连续、完整和景观效果的统一。其次是与道路性质、路灯、邮箱、果皮箱、广告牌等的协调。

（五）远近期结合，留有余地

道路树木从栽植到形成较好的景观效果，一般需要十余年的时间，园林街景规划设计要有长远观点，栽植树木不能经常更换、移植。近期效果与远期效果要有计划、有组织地周全安排，使其既能尽快发挥功能作用，又能在树林生长过程中保持较好的形态效果。随着城市的发展，道路随之拓宽，设计时要充分考虑预留绿带。

（六）注重地方特色，继承和发扬地方文化

每个城市都有它的历史文脉、文化底蕴，我们在设计过程中要充分突出文脉，展示地方特色，增强文化品位。如今很多城市有自己的市树、市花，设计中可充分利用。

园林街景应与街道上的交通建筑附属设施，管理设施和地下管线、沟道相结合，还应考虑城市土壤条件、养护水平等因素。

总之，园林街景是一门既古老又年轻的艺术，它凝聚着城市主人的集体智慧，它的实现需要设计师和建设者以及城市主人的共同努力。

参考文献

[1] 王林生. 城市更新：亲历广州旧城改造 [M]. 广州：广东人民出版社，2009.

[2] 徐可西. 城市更新背景下的建筑拆除决策机制研究 [M]. 北京：中国经济出版社，2020.

[3] 郑剑艺，费迎庆. 澳门世遗路线扩展与城市更新 [M]. 南京：东南大学出版社，2018.

[4] 高明，毛蒋兴. 城市更新与可持续发展研究 [M]. 南宁：广西科学技术出版社，2017.

[5] 李江. 转型期深圳城市更新规划探索与实践 [M]. 南京：东南大学出版社，2020.

[6] 万勇，顾书桂，胡映洁. 基于城市更新的上海城市规划、建设、治理模式 [M]. 上海：上海社会科学院出版社，2018.

[7] 郁凤兵，龙莉波，马跃强. 城市更新之商业综合体不停业升级改造 [M]. 上海：同济大学出版社，2017.

[8] 张其邦. 城市更新的时间、空间、度理论研究 [M]. 厦门：厦门大学出版社，2015.

[9] 阳建强. 西欧城市更新 [M]. 南京：东南大学出版社，2012.

[10] 阳建强，吴明伟. 现代城市更新 [M]. 南京：东南大学出版社，1999.

[11] 顾哲，侯青. 基于公共选择视角的城市更新机制研究 [M]. 杭州：浙江大学出版社，2014.

[12] 丁凡，伍江. 城市更新相关概念的演进及在当今的现实意义 [J]. 城市规划学刊，2017（6）：87-95.

[13] 赵亚博，臧鹏，朱雪梅. 国内外城市更新研究的最新进展 [J]. 城市发展研究，2019，26（10）：42-48.

[14] 张磊. "新常态"下城市更新治理模式比较与转型路径 [J]. 城市发展研究，2015，22（12）：57-62.

[15] 黄晴，王佃利. 城市更新的文化导向：理论内涵、实践模式及其经验启示 [J]. 城市发展研究，2018，25（10）：68-74.

[16] 廖开怀，蔡云楠. 近十年来国外城市更新研究进展 [J]. 城市发展研究，2017，24（10）：27-34.

[17] 朱轶佳，李慧，王伟. 城市更新研究的演进特征与趋势 [J]. 城市问题，2015（9）：30-35.

[18] 王兰，吴志强，邱松. 城市更新背景下的创意社区规划：基于创意阶层和居民空间需求研究 [J]. 城市规划学刊，2016（4）：54-61.